पत्रकारिता
बिहार से झारखंड

पत्रकारिता
बिहार से झारखंड

संजय झा

प्रतिभा प्रतिष्ठान, नई दिल्ली

प्रकाशक : प्रतिभा प्रतिष्ठान,
694–बी, (नियर अजय मार्केट) चावड़ी बाजार, दिल्ली–110006
 / संस्करण : 2025 / मूल्य : तीन सौ रुपए
मुद्रक : आर–टेक ऑफसेट प्रिंटर्स, दिल्ली ISBN 978-93-86001-00-9

PATRAKARITA : BIHAR SE JHARKHAND

by Shri Sanjay Jha ₹ 300.00

Published by **PRATIBHA PRATISHTHAN**
694-B, (Near Ajay Market) Chawri Bazar, Delhi-110006

समर्पित

उन संघर्षशील देश के पत्रकारों को,
जो आर्थिक तंगहाली के कारण
गुमनामी में दम तोड़कर
चले गए।

मेरी बात

झारखंड में सबकुछ है। यहाँ कुछ भी नहीं है। सरकार है। प्रशासन है। नेता है। पुलिस है। वायदे हैं। भाषण है। योजना है। घोटाला है। संघर्ष है। जीवन है। जल है। जमीन है। आदिवासी है। तमाशा है। उत्सव है। लूट है। भ्रष्टाचार है। अखबार है। समाचार है। अदालत है। वकील है। जल है। न्याय है। अन्याय है। भूख है। गरीबी है। फटे हाली है। कंगाली है। यहाँ तो रोटी पर नून नहीं है। सब कुछ है। कुछ नहीं है। खनिज है। संपदा है। बेरोजगारी है। मजदूर है। किसान है। गाँव है। खेत है। खलिहान है। सब उजड़ रहे हैं। जमीन छीन रही है। संघर्ष जारी है। पत्रकारिता की अखबारी दुनिया से अलग झारखंड संक्रमण के दौर में है। पत्रकारिता भी इसका शिकार है। इसलिए बिना अक्षरों का मुखौटा लगाए सच बयान करने का साहस कर रहा हूँ। वैसे भी किसी के मानने या न मानने से सच को कोई फर्क नहीं पड़ता। किताब की गलती मेरी है। काम की बातें आप सबकी। जिनका सहयोग मिला। उनका अभिनंदन।

आदरणीय अनिल चौधरी, घनश्यामजी और कविता झा संघर्ष की पतवार है। पत्रकारिता का संघर्ष जारी है और जारी है सच की तलाश। बड़ा भ्रम है भाई, पत्रकारिता। बंद है मुट्‌ठी तो लाख की, खुल गई तो फिर खाक की। अनुभवों की गठरी है यह आप सबको क्रांतिकारी अभिवादन!

अनुक्रम

मेरी बात — *7*

1. बिहार टू झारखंड — 11
2. झारखंड की पत्रकारिता — 18
3. मीडिया से बेदखल आदिवासी — 23
4. जनसंघर्ष और मीडिया — 29
5. पत्रकारिता व जनजाति — 34
6. सांप्रदायिकता और अखबार — 38
7. अखबार में घोटाला — 42
8. न्यूज चैनलों का सफर — 47
9. मीडिया का बाजारीकरण — 52
10. यहाँ शगुन प्रथा नहीं — 57
11. ग्रामीण पत्रकारिता का है भविष्य — 62
12. पैकेजिंग की पत्रकारिता — 66
13. पत्रकारिता अब समाज का दर्पण नहीं — 71

14.	निराशावाद की बैचेनी	74
15.	पत्रकारिता जनता का हथियार	85
16.	सब मुनाफे का धंधा	89
17.	खतरनाक है सपनों का मरना	93
18.	मौकाटेरियन पत्रकारिता	97
19.	मीडिया में माओवाद	104
20.	मीडिया की नीलामी	109
21.	कस्बाई पत्रकारिता का सच	114

बिहार टू झारखंड

बिहार और झारखंड की पत्रकारिता में काफी एकरूपता रही है। विभाजन से पहले झारखंड का पत्रकारिता का हेडक्वार्टर पटना ही था। पटना से ही झारखंड की दूरी शब्दों में तय की जाती थी। तब मीडिया का केंद्रीय शो केस पटना ही बना हुआ था। पटना यानी पत्रकारिता का मक्का मदीना। झारखंड में आज चाहे जितने पत्रकार हों, पटना के बिना उनका कोई काम नहीं होता था। विभाजन के साथ ही अघोषित रूप से बिहार से झारखंड की पत्रकारिता भी अलग हो गई। इस अलगाव से अलग पहले की पत्रकारिता ही झारखंड की पत्रकारिता का इतिहास रहा है। बिहार की पत्रकारिता का अतीत भी कम दिलचस्प नहीं है। बिहार और झारखंड दो भाइयों की तरह हैं। बड़े भाई की बेईमानी से तंग आकर छोटे भाई झारखंड ने कहा कि ऐ भैया अब हमको अलग कर दो। सारा माल हमारा और साझे हितों के एहसास का बोझा अब ढोया नहीं जाता है। अंतत: राजनीति के सूरमाओं ने दो भाइयों को अलग कर दिया। अब तो चौदह वर्ष बीत गए। बिहार से झारखंड को अलग हुए। जल, जंगल व जमीन बँट गए। नागरिकों की पहचान तक बदल गई। कल तक जो बिहारी थे, वे अब झारखंडी हो गए। विभाजन के सवाल पर राजनेताओं के बीच आरोप-प्रत्यारोप का दौर चलने लगा। सबकुछ बँट गया। बिहार

से जो भाई अलग हुआ, भले ही उसका नाम झारखंड हो गया है, लेकिन शब्द नहीं बँटे, इतिहास के किस्से नहीं बदले, जिंदगी की कहानियाँ एक जैसी हैं। शोषण, दमन, उत्पीड़न एक तरह का है, घपलों, घोटालों की कहानियों में काफी समानता है। अँधेरा इधर भी और अँधेरा उधर भी। नेताओं के हवा-हवाई बयान। वहाँ भी विकास के कथित नारों से लोगों को बहलाने का सिलसिला दोनों तरफ किस्तों में चल रहा है। अतीत के आईने में बिहार की पत्रकारिता आज के झारखंड के संघर्ष के सच को भी बयाँ करती है। यही कारण है कि औपनिवेशिक काल से लेकर अब तक बिहार की हिंदी पत्रकारिता का जो सफर रहा है, दरअसल उसके कई घुमावदार पड़ाव रहे हैं। बिहार में हिंदी पत्रकारिता की शुरुआत बंगालियों के दमन, उत्पीड़न की कोख से निकला। बिहार विभाजन से पहले बंगालियों ने जिस तरह बिहारियों को उपेक्षित व हीनतर बनाया, वह एक ऐतिहासिक तथ्य है। इस उपेक्षा के खिलाफ सबसे पहले 'बिहार बंधु' अखबार ने मोर्चा खोला। खास बात यह रही कि 'बिहार बंधु' अखबार ने बिहार को एक बनते हुए राष्ट्र-राज्य के रूप में चिह्नित किया। बंगाल से बिहार को अलग करने के लिए सबसे पहले महाराष्ट्र के दो पत्रकार भाइयों ने आवाज उठाई। गौरतलब है कि मदन मोहन भट्ट और केशव राम भट्ट नामक भाइयों ने कोलकाता से 1873-74 में 'बिहार बंधु' अखबार का प्रकाशन शुरू किया। महाराष्ट्र से आया हुआ भट्ट परिवार बिहार का निवासी बन चुका था। बिहारियों को संगठित करने में महाराष्ट्र के दोनों भाइयों के योगदान को बिहारी पत्रकारिता का प्रस्थान बिंदु कहा जा सकता है। कहने को तो उस दौर में बिहार से हिंदी की कई पत्र-पत्रिकाएँ अस्तित्व में आईं, लेकिन वे चल न सकीं। कई कारणों से बंद हो गईं। 'बिहार बंधु' से लेकर 'ब्राह्मण' और बिहार के प्रथम हिंदी दैनिक 'सर्वहितैषी' तक

का नाम इनमें शामिल किया जा सकता है।

नवजागरण के इन गुमनाम नायकों की शहादतों और संघर्षों के किस्से भरे पड़े हैं। अखबार तब वाकई तोप के मुकाबले खड़ा था। प्रख्यात आलोचक मैनेजर पांडेय का कहना है, 'भारतीय नवजागरण के समय कुछ ऐसे बुद्धिजीवी भी सामने आए, जो अपनी भाषा और अपने क्षेत्र के बदले उस भाषा और क्षेत्र के जागरण के लिए प्रयत्नशील रहे, जिसे उन्होंने अपनाया और माना।' उनका मानना है कि इस कड़ी में मदन मोहन भट्ट और केशवराम भट्ट के योगदान पर भी शोध होना चाहिए। लेकिन कौन करें शोध। शोध पत्रकारिता से भला किसे है लेना-देना। यहाँ तो सच जैसा दिखने वाला झूठ का गोरखधंधा चल रहा है। जातीय उन्माद में पूरी पत्रकारिता खेमेबाजी में बँटी हुई है। अखबार मालिक और संपादकनुमा मैनेजरों की जातीय पहचान से ही अखबार व पत्र-पत्रिकाओं की पहचान होती है। यह कोई नई बात नहीं है। आजादी से काफी पहले से पत्रकारिता बिहार में सवालों के कठघरे में खड़ी रही है। वरिष्ठ पत्रकार व जनमीडिया के संपादक अनिल चमड़िया का मानना है कि बिहार की पत्रकारिता विसंगतियों से घिरी रही है। पिछड़े और दलित तबकों को पत्रकारिता से बेदखल करके रखा गया है। बिहार में सवर्ण मानसिकता की पत्रकारिता होती रही है। मीडिया में सवर्ण जातियों का ही वर्चस्व शुरू से रहा। अपनी मानसिकता और सोच के लिहाज से उन्होंने वही किया, जो वे ठीक समझ रहे थे। बिहार की पत्रकारिता का मूल स्वर ब्रिटिश सत्ता का विरोध अवश्य था, लेकिन यह विरोध भी अपने हितों को पाने के लिए था। अखबार तब भी शासक वर्गों को समझौते की मेज पर लाने के शातिराना चाल में शामिल था और आज भी मुनाफे की मोटी कमाई के लिए पत्रकारिता भरे बाजार में नंग-धड़ंग खड़ी है। बिहार की पत्रकारिता आजादी के पहले

और आजादी के बाद भी व्यापक वर्गों की अनदेखी करते हुए जनविरोधी भूमिका में खड़ी रही है।

आजादी का नया तराना गाया जाने लगा। कहा जाने लगा कि हम आजाद हो गए। चारों तरफ आजादी का जश्न, बिहार निर्माण के दावे-प्रति दावे होते रहे हैं। तब से लेकर आज तक पत्रकारिता में विकासगान गाए जा रहे हैं। विकास एक कागज की कश्ती है। अखबार बारिश का पानी और इस पानी में नारों के नावों पर सवार आम-आदमी की पीठ पर अधिकारहीनता के चाबुक के नीले निशान दर्ज हैं। बिहार में आजादी के बाद 'आर्यावर्त' 'प्रदीप' 'विश्वमित्र', 'नवराष्ट्र' आदि हिंदी अखाबार लोकप्रिय थे। 'नवराष्ट्र' और 'विश्वमित्र' '60 के दशक में बंद हो गए। वैसे भी बिहारी समाज में 'विश्वमित्र' ने अपनी कोई पहचान नहीं बनाई। सबसे पहले 1940 में 'आर्यावर्त' का प्रकाशन शुरू हुआ, जिसका मुख्य कार्य जमींदारी आंदोलन की आवाज का दमन करना था। वही कारण था कि बिहार की तत्कालीन सरकार ने जब 'जमींदारी उन्मूलन कानून' पास किया तो 'आर्यावर्त' इसके विरोध में खड़ा था। इसी तरह 1947 से प्रकाशित अखबार 'प्रदीप' ने शुरू से ही अपने तत्कालीन अखबारों का शहरी मानसिकता के साथ विरोध किया। वर्ष 1979 में 'आज' का बिहार से संस्करण शुरू हुआ। इसी तरह 1985 में भागलपुर से 'नई बात' और पटना से 'पाटलिपुत्र टाइम्स' का प्रकाशन आरंभ हुआ। 'पाटलिपुत्र टाइम्स' की पत्रकारिता ने एक नई जमीन की तलाश की। उस दौर में एक दर्जन से अधिक पत्रकारों ने जनसंघर्षों की खबर और रिपोर्ताज का परचम लहराया। 'आज' के संपादक सत्यप्रकाश असीम और 'पाटलिपुत्र टाइम्स' के संपादक माधव कांत मिश्र पत्रकारिता को शहरी क्षेत्र से निकालकर बिहार के धधकते खेत-खलिहान तक ले गए।

तब कुछ दिनों के लिए पत्रकारिता आम-आदमी के साथ सतही तौर पर खड़ी थी। उस दौर में कई ऐसे पत्रकार हुए, जो पटना से लेकर राँची तक अपनी रिपोर्ट से पाठकों का ध्यान अपनी तरफ खींचने में सफल रहे।

1986 में बिहार से दो राष्ट्रीय अखबारों ने अपने संस्करण का प्रकाशन आरंभ किया। प्रदीप अखबार को बंद करके बिड़ला ग्रुप ने 'हिंदुस्तान' की शुरुआत की। इसी साल बैनेट कोलमैन एंड कंपनी ने 'नवभारत टाइम्स' का प्रकाशन शुरू किया। नवभारत ने पत्रकारिता की एक नई परिभाषा दी। संपादक दीनानाथ मिश्र ने 'नवभारत टाइम्स' को आम-आदमी के संघर्षों से जोड़ते हुए खबरों की धार को तीखा किया। 1995 आते-आते नभाटा बंद हो गया। थोड़े दिन 'हिंदुस्तान' अखबार का एकच्छत्र राज रहा। पटना टू राँची की पत्रकारिता कई स्याह सवालों में लिपटी रही, वहीं इधर राँची से उस दौर में 'राँची एक्सप्रेस', 'प्रभात खबर' और डालटेनगंज से 'राष्ट्रीय नवीन मेल' का प्रकाशन शुरू हुआ। लेकिन पटना से प्रकाशित 'नवभारत टाइम्स' और 'हिंदुस्तान' के सामने राँची से प्रकाशित अखबार कोई विशेष करिश्मा नहीं कर सका। वैसे 'राँची एक्सप्रेस' पूरे झारखंड का अपना अखबार बन चुका था। कांग्रेसी नेता ज्ञान रंजन का अखबार 'प्रभात खबर' पाठकों तक पहुँचने के लिए हाथ-पाँव मार रहा था। बाद में ज्ञान रंजन ने उषा मार्टिन के हाथों अपने अखबार 'प्रभात खबर' को बेच दिया। संपादक हरिवंश ने 'प्रभात खबर' को न सिर्फ एक नई दिशा दी, बल्कि ज्ञान-पक्षधरता की पत्रकारिता की कई मिसालें भी कायम की। यही वह दौर था, जब पटना की पत्रकारिता का असर राँची की पत्रकारिता से उतरने लगा था। अलग झारखंड राज्य की माँगने इन अखबारों के लिए ऑक्सीजन का काम किया। बिहार से के 'दैनिक जागरण' के प्रकाशन ने पत्रकारिता की धार को ही मोड़

दिया। पत्रकारिता का अपराधीकरण दैनिक जागरण के साथ शुरू हुई। कानपुर से आए शैलेंद्र दीक्षित की टीम ने पत्रकारिता की आड़ में उन तमाम कार्यों को अंजाम दिया, जो किसी अखबार के संपादक के लिए वर्जित माने जाते हैं। इस टीम के लिए अखबार निकालना बलात्कार के रोमांच की तरह रहा है जमशेदपुर में 'दैनिक जागरण' के संपादकीय प्रभारी आलोक मिश्र ने अपनी एक महिला कर्मचारी के साथ न सिर्फ छेड़खानी की बल्कि अश्लीलता के साथ पेश आया। इसी तरह पप्पू शुक्ला, देवेंद्र राय जैसे यूपी से आए कथित पत्रकारों ने 'दैनिक जागरण' का लाभ उठाकर कई अनैतिक कार्यों को अंजाम दिया। बिहार और झारखंड की पत्रकारिता में सबसे पतित पड़ाव दैनिक जागरण का माना जाता है, यूपी और बिहार की फीलिंग को 'दैनिक जागरण' ने तीखा किया। प्रसार संख्या की होड़ में बिहार और झारखंड में संगठित तौर पर गुंडों की एक फौज खड़ी की गई। 'दैनिक जागरण' के साथ, 'राष्ट्रीय सहारा', 'नेवबिहार', सन्मार्ग, 'दर्पण' आदि कई दैनिक निकलने लगे। मुजफ्फरपुर से 'प्रातः कमल' और बेगूसराय से 'बेगूसराय टाइम्स' जैसे अखबार भी निकलते रहे। 'बेगूसराय टाइम्स' पूरी तरह बंद हो गया। 'हिंदुस्तान' और 'दैनिक जागरण' आवारा पूँजी के सहारे अपनी प्रसार संख्या को संस्करण के नए मुहावरों के साथ सामने लाया।

बिहार विभाजन से पहले पटना से सांध्य दैनिक भी अलग-अलग दौर में निकले। यह अलग बात है कि स्थायी रूप से निकलने में सफल नहीं हो सके, 'जेबीसी', 'संध्या प्रहरी', 'सांध्य तापमान', 'सांध्य सितारा', 'समाचार सत्ता', अमृतवर्षा, महानगर टुडे सरीखे अखबार वक्त के साथ निकले और बंद हो गए, इसी तरह 'जनता योगी', 'पुकार', 'जनशक्ति' आदि अखबार भी निकले। इतना ही नहीं, आंदोलन के दौर में कई ऐसी

पत्रिकाएँ प्रकाशित हुई जो पटना से राँची तक समान रूप से लोकप्रिय रही। मसलन, 'फिलहाल', 'लोकयुद्ध', 'समकालीन जनमत', 'मैत्री शांति', 'मूक आवाज', 'शंबूक', 'छात्र संकल्प', 'तीसरी आँख', 'श्रमिक प्रतिकार', 'कतार', 'बुद्धिवादी', 'आधी जमीन', 'संपूर्ण क्रांति' आदि दर्जनों पत्रिकाएँ सामने आईं। इस दौर में 'रविवार' और 'दिनमान' ने पटना और राँची की पत्रकारिता को अपने तरह से प्रभावित किया।

तो इस तरह, बिहार टू झारखंड की पत्रकारिता का साझे संघर्ष का सफर कई उतार-चढ़ाव के साथ चलता रहा। इस दौर की पत्रकारिता ने कई बेहतर रचनात्मक कार्यों को भी मुकाम तक पहुँचाया, लेकिन पत्रकारिता सत्ता के साथ अपने हितों के लिए कदमताल करने में लगी है। स्थापित पत्रकारिता अपने तमाम पाखंडों के साथ जनविरोधी चरित्र का क्षत-विक्षत दर्पण बन गई। बिहार विभाजन के साथ ही झारखंड और बिहार की पत्रकारिता की राहें अलग हो गईं। इन अलग राहों के भी कई पेंच हैं। कई विसंगतियाँ है, कई खतरनाक पहलू हैं, कई अनकही दास्ताँ हैं।

□

झारखंड की पत्रकारिता

बिहार से झारखंड अलग हो गया। देखते ही देखते सबकुछ बदल गया। शासन, प्रशासन और पत्रकारिता के तेवर बदल गए। झारखंड की पत्रकारिता अपना नया स्वरूप ग्रहण करने में लगी थी। स्थापित अखबार 'हिंदुस्तान' और 'दैनिक जागरण' अपना हेड क्वार्टर पटना को ही बनाए रखा। 'राँची एक्सप्रेस' बिहार विभाजन के समय अपनी अंतिम साँसें गिन रहा था। 'प्रभात खबर' नए राज्य के आंदोलन पर सवार होकर 'अखबार नहीं, आंदोलन' के स्लोगन के जरिए पाठकों के व्यापक वर्ग को प्रभावित करने में लगा था। 'राँची एक्सप्रेस' कभी झारखंड की पहचान हुआ करता था। विश्वसनीयता और पाठकों का प्यार सबसे अधिक राँची एक्सप्रेस को ही मिला। मजदूर नेता सूर्य नारायण सिंह को उषा मार्टिन के गुंडों ने धरना स्थल पर पीट-पीट कर मार दिया था। 'राँची एक्सप्रेस' ने इस खबर को शिद्दत के साथ उठाया था। चारों तरफ इस घटना की निंदा हुई थी। बाद में उसी उषा मार्टिन ने प्रभात खबर को खरीद लिया, जिसका सर्वेसर्वा हरिवंश को बनाया गया। 'प्रभात खबर' के संपादक हरिवंश ने पत्रकारिता के विस्तार का नया सूत्र तलाश किया। उन्होंने अखबार को जनसंघर्षों की राजनीति से जोड़ा। खबरें सीधे छोटे-बड़े आंदोलनों से जुड़ने लगीं। इसका लाभ

'प्रभात खबर' को सीधे तौर पर मिला। नए राज्य के गठन में 'प्रभात खबर', 'हिंदुस्तान' और 'दैनिक जागरण' की भूमिका अपने-अपने तरीके से थी। राँची एक्सप्रेस की छवि एक सांप्रदायिक अखबार की हो गई थी। 'प्रभात खबर' का जनपक्षीय मुखौटा पाठकों को रास आने लगा। इस अखबार के संपादक प्रदेश में जहाँ कहीं आंदोलन होता, वे अलख जगाने वहाँ पहुँच जाते। झारखंड के चर्चित संपादक हरिनारायण सिंह को हिंदुस्तान अखबार ने अपना संपादक बनाया। उन्होंने 'प्रभात खबर' के संपादक हरिवंश को टक्कर देते हुए हिंदुस्तान को 'प्रभात खबर' के समानांतर ला खड़ा कर दिया।

इस दौर में दैनिक जागरण ने भी घुसपैठ करते हुए नए राज्य में अपनी दस्तक दी। पाठकों तक पहुँचने के लिए पूँजी के बल पर 'दैनिक जागरण' आज भी हाथ-पाँव मारने में लगा हुआ है, लेकिन चौथे नंबर पर ही बने रहना उसकी नियति है। जानकारों का मानना है कि 'दैनिक जागरण' झारखंड में पत्रकारिता को एक बंपर ड्रॉ के खेल में तब्दील कर दिया। अखबार खरीदने पर ईनाम की घोषणा की जाने लगी। कूपन चिपकाकर बंपर ड्रॉ जीतने का विज्ञापन बड़े पैमाने पर किया जाने लगा। 'हिंदुस्तान' और 'प्रभात खबर' को भी लकी ड्रॉ निकालने की लत धीरे-धीरे लगने लगी। अखबार के मालिक झारखंड में बड़े ही सधे कदमों से पूंजी का खेल-खेलने लगे। अखबार पढ़ाने के लिए कार, बाइक, फ्रिज, वॉशिंग मशीन, टीवी, बाल्टी और मग तक बाँटे जाने लगे। पाठकों पर वर्चस्व कायम करने की होड़ में नैतिकता के उन तमाम मापदंडों को तहस-नहस कर दिया गया, जो पत्रकारिता की बुनियादी शर्त हैं। चरण-भाट की सभी परिभाषाएँ अपनी सोलहों कला के साथ अवतरित हुईं। संपादकों और मालिक अपने कारोबार का विस्तार करने में लगे रहे। झारखंड की पत्रकारिता सत्ता के आँगन में मचल-मचल कर 'राग-मल्हार' गाने में लगी हुई है।

अखबार के संपादकों में इस बात की होड़ लगी हुई है कि राजनेताओं के साथ किसका पक्का गठबंधन है। झारखंड के सभी अखबारों का सत्ता के साथ बढ़िया और मजबूत गठबंधन है। जनपक्षीय पत्रकारिता की दुहाई देने वाले सूरमाओं का आलम यह है कि सुविधाओं और पूँजी के तालाब में गोता लगाने में लगे हैं। शब्दों की कलाबाजी करने में माहिर संपादकों की टोली हर वक्त शिकार और समझौते की तलाश में रहती है। न्यूज एक्सप्रेस चैनल के राजनीतिक संपादक अखिलेश अखिल का कहना है कि झारखंड की पत्रकारिता साँठगाँठ की पत्रकारिता है। सत्ता से समझौता, पत्रकारों का शोषण–उत्पीड़न इन संपादकों का लक्ष्य है। 'दैनिक जागरण' और 'प्रभात खबर' सरीखे अखबार ने तो पत्रकारिता का सर्वनाश ही कर दिया। उन्होंने कहा कि बिहार और झारखंड के सत्ता से सबसे अधिक लाभ 'प्रभात खबर' को ही मिला है। इसी तरह, 'दैनिक जागरण' में कानपुर से आए हुए ब्राह्मण संपादकों का वर्चस्व है। दूसरी जाति के भले ही संपादकीय प्रभारी विभिन्न संस्करणों में हों, लेकिन उसकी डोर पटना में बैठे शैलेंद्र दीक्षित के हाथ में ही रहा। इस अखबार के बड़े अधिकारियों के कुकर्मों के काले कारनामे विभिन्न सोशल साइट्स पर भरे पड़े हैं।

झारखंड खबरों से पूरी तरह कटा हुआ है। विभिन्न संस्करणों के होते हुए भी आम पाठकों को उसकी जरूरी खबरें नहीं मिल पाती हैं। सभी अखबारों ने संस्करणों का ऐसा नेटवर्क शुरू किया है कि उनकी मर्जी के खिलाफ कुछ भी नहीं छप सकता है। मसलन, नगरी आंदोलन की खबरें राँची संस्करण से बाहर जाने ही नहीं दी गई। संपादक और सरकार के मुखिया तय करते हैं कि किस खबर को अन्य संस्करण में जाने दिया जाए या नहीं। जमीन अधिग्रहण आंदोलन को लेकर दयामणि बारला को गिरफ्तार कर लिया गया था। इस आंदोलन को दबाने के लिए सरकार की तरफ से कई तरह के हथकंडे अपनाए जाते रहे हैं।

लेकिन इस खबर को राँची से बाहर जाने की नहीं दिया गया। सरकार और अखबार के मालिकों मिलकर खबरों का एक ऐसा टापू बना दिया है कि पाठकों को वहीं पढ़वाया जाता है, जो वे चाहते हैं।

सच तो यह है कि झारखंड से प्रकाशित सभी अखबार ओपिनियन मेकिंग, इमेज बिल्डिंग, मैन्युफैक्चरिंग कंटेंट, प्रोपेगेंडा मॉडल, पब्लिक ओपिनियन में लगे हैं और पब्लिक रिलेशन की तमाम थ्योरियाँ एक साथ सरकार के पक्ष में कार्य कर रही हैं। मुनाफे की मोटी कमाई के लिए अखबार मासिक पत्रकारिता की ऐसी–तैसी कर दी है। सभी अखबार के संपादक विशुद्ध कारपोरेट मैनेजर की भूमिका में खड़े हैं। अब उन्हें झारखंड की पत्रकारिता से कोई लेना–देना नहीं रह गया है। सामाजिक व राजनीतिक कार्यकर्ता अनिल अंशुमन का कहना है कि झारखंड की पत्रकारिता जनविरोधी है। यहाँ आम आदमी के संघर्ष को माओवादी की तोहमत लगाने का प्रचलन आम बात है। अखबारों की भूमिका भी सरकार के पक्ष में रहती है। सरकार का अखबारों पर सीधा नियंत्रण है। झारखंड में बहुसंख्यक पाठक वर्ग अपनी खबर से वंचित है। सभी अखबार उन खबरों को अधिक तवज्जो देते हैं, जिनसे उनका हित सधता है। मजदूर, किसान और मेहनतकश तबकों की खबरें अखबार में हाशिए पर हैं। अखबार से सामाजिक सरोकारों की खबरें ब्लैक आउट हैं। संघर्ष की खबरें नहीं के बराबर हैं। राजनीति, अपराध, खेल, भ्रष्टाचार ही न्यूज बन पाते हैं, सेक्स से जुड़ी खबरों को खास तरह से प्रस्तुत किया जाता है।

जिस तरह से झारखंड में राजनीति का अपराधीकरण हुआ है, ठीक उसी तरह यहाँ पत्रकारिता का भी अपराधीकरण हुआ है। यहाँ यह बतलाना जरूरी है कि जब 'दैनिक जागरण' राँची से लॉञ्च हुआ तो अखबार के मालिकों ने दूसरे अखबारों को डराने के लिए शक्ति प्रदर्शन किया। इस प्रदर्शन के दौरान राँची की सड़कों पर बंदूक से लैस गुंडों ने

प्रदर्शन किया। इसकी चर्चा काफी दिनों तक होती रही। आलम यह है कि विभिन्न अखबारों के सरकुलेशन विभाग में दो से चार गुंडे टाइप व्यक्तियों की भर्ती की जाती है। दूसरे अखबार के कर्मचारियों को डराने-धमकाने के लिए उनका इस्तेमाल किया जाता है। सभी अखबारों के कई-कई संस्करणों के बावजूद भी संघर्षों की खबरों को तरजीह नहीं दी जाती है। पाठकों को रामगढ़, हजारीबाग, धनबाद, बोकारो की खबरें राँची में पढ़ने को नहीं मिलती हैं। इसी तरह राँची की खबरें अन्य जिलों में पाठकों को पढ़ने को नहीं मिलती है। कहने का तात्पर्य अखबारों में जनपक्षीय खबरों का घोर अभाव है।

बड़ी पूँजी के आगे छोटी पूँजी वाले अखबारों की हालत बेहद दयनीय है। 'राँची एक्सप्रेस', 'झारखंड न्यूजलाइन', 'झारखंड जागरण', 'सन्मार्ग' जैसे छोटे अखबार सरकार की दया पर ही चल रहे हैं। वैसे बड़े व स्थापित अखबारों के मुकाबले छोटे समाचार पत्रों की भूमिका अधिक सराहनीय है। 'प्रभात खबर', 'हिंदुस्तान', 'दैनिक भास्कर' और 'दैनिक जागरण' अपने को नंबर वन घोषित करने की होड़ में हैं, कौन नंबर वन है, यह बता पाना बेहद मुश्किल है। दैनिक भास्कर अखबार अपने व्यावसायिक वसूलों के साथ दो साल के अपने प्रकाशन काल में टक्कर दे रहा है। कुल मिलाकर झारखंड में पत्रकारिता एक नए दौर में है। आम आदमी अखबार के पन्नों से गायब है। तकरीबन, एक दर्जन से अधिक छोटे-बड़े अखबारों के रहते हुए भी पत्रकारिता व्यापक जन सरोकारों से कटी हुई है। लोग अब यह मान बैठे हैं कि अखबार आम आदमी के लिए नहीं है, बल्कि यह खास लोगों के लिए उनके महिमा मंडन का एक ऐसा औजार है, जो सिर्फ उनके हितों के लिए ही निकलता है। झारखंड में आम धारणा यह है कि पत्रकारिता एक धंधा है और धंधे में सबकुछ को जायज बनाया जाता है।

□

मीडिया से बेदखल आदिवासी

झारखंड प्रदेश का गठन ही आदिवासियों की उपेक्षा व अधिकार हीनता के कारण हुईं। प्रदेश के गठन के साथ ही हर क्षेत्र में आदिवासियों के प्रतिनिधित्व की आवाजें उठने लगीं। हर क्षेत्र में बहुत हद तक ये बातें लागू होते हुए दिखाई भी दे रही हैं, लेकिन पत्रकारिता ही एक ऐसा क्षेत्र है, जहाँ आदिवासियों की भागीदारी नहीं के बराबर है। मीडिया से आदिवासी पत्रकार को पूरी तरह बेदखल है। झारखंड की पत्रकारिता में आदिवासी समाज की खबरें एक बिकाऊ माल की तरह हैं। एक तमाशाई सोच के साथ अखबार के पन्नों पर उनकी जगह है। हैरत की बात यह है कि आदिवासी समाज के बारे में जो भी खबरें पत्रकारिता को मुख्य धारा में हैं, उन्हें लिखनेवाले, गढ़ने वाले आदिवासी पत्रकार नहीं होते हैं। यह केवल झारखंड की बात नहीं है, बल्कि यह देशव्यापी परिघटना है। देश की पत्रकारिता में बहुत कुछ बदला है। कारोबार का आकार से लेकर टेक्नोलॉजी तक में बुनियादी बदलाव रोज-ब-रोज हो रहे हैं। वैसे तो पत्रकारिता में वंचित समूहों की हिस्सेदारी पहले बिल्कुल ही नहीं थी और अब तो हालात और भी बदतर हैं।

झारखंड वंचित तबकों का पत्रकारिता से बेदखली का लेटेस्ट मॉडल स्टेट है। पूरे प्रदेश की पत्रकारिता सवर्ण व अभिजात्य मानसिकता वाली

है। आदिवासी समाज पत्रकारिता के लिए एक बंपर सेल की तरह है, जिसमें भूख, अभाव, गरीबी, अपमान व उत्पीड़न तक की बोली खबरों में लगाई जाती है। कहने का मतलब आदिवासी से जुड़े हर मसले पत्रकारिता के लिए किसी नुमाइश की तरह हैं। राष्ट्रीय व प्रदेशस्तरीय पत्रकारिता में वंचित व आदिवासियों की भागीदारी को लेकर एक सर्वे किया गया। इस सर्वे टीम में वरिष्ठ पत्रकार अनिल चमड़िया, शोधकर्ता जितेन्द्र कुमार और सी एस डी एस के सीनियर फेलो योगेंद्र यादव शामिल थे। राष्ट्रीय मीडिया के प्रमुख पदों को लेकर वर्ष 2006 में मीडिया स्टडीज ग्रुप, दिल्ली की तरफ से इस तरह की पहला सर्वे करवाया गया था। इस सर्वे रिपोर्ट के मुताबिक हिंदू उच्च जाति पुरुषों का राष्ट्रीय मीडिया पर वर्चस्व है। भारत की कुल आबादी में इनकी हिस्सेदारी 8 प्रतिशत है, लेकिन मीडिया संस्थानों में फैसला लेने वाले पदों का 71 प्रतिशत उनके हिस्से में आता है, वहीं राष्ट्रीय मीडिया में 17 प्रतिशत प्रमुख पदों पर महिलाएँ हैं। महिलाओं की बेहतर स्थिति 32 प्रतिशत अंग्रेजी इलेक्ट्रॉनिक मीडिया में है। सर्वे रिपोर्ट में कहा गया है कि विभिन्न जातियों के प्रतिनिधित्व में असमानता है । दूसरे हिंदुओं अर्थात् ब्राह्मण, कायस्थ, राजपूत, वैश्य और खत्री को शामिल माना गया है। इनकी जनसंख्या भारत में 16 प्रतिशत है, लेकिन मीडिया के प्रमुख पदों पर उनकी हिस्सेदारी 86 प्रतिशत है। केवल ब्राह्मण के हिस्से में 49 प्रतिशत प्रमुख पद हैं। इसमें भूमिहार और त्यागी को भी शामिल किया गया है। चौंकानेवाली बात यह है कि दलित और आदिवासी फैसला लेने वाले पदों पर नहीं हैं। इतना ही नहीं, राष्ट्रीय मीडिया के 315 प्रमुख पदों पर एक भी दलित और आदिवासी नहीं है। इसी तरह मुसलमान महज तीन प्रतिशत पदों पर हैं, जबकि देश की कुल जनसंख्या में इनका हिस्सा 13.4 प्रतिशत है, ईसाइयों का औसत प्रतिनिधित्व है, लेकिन मुख्यतः अंग्रेजी मीडिया

में, राष्ट्रीय मीडिया में 4 प्रतिशत पद उनके हिस्से में हैं, जबकि भारत की आबादी में उनका हिस्सा 2 फीसदी है।

यह सहज ही शोचनीय है कि जब राष्ट्रीय स्तर पर दलित और आदिवासियों की भागीदारी का यह आलम है तो प्रदेश स्तर पर क्या होगा। दरअसल, झारखंड की पत्रकारिता में बहुजन समाज की अनुपस्थिति एक स्थापित तथ्य है। हैरानी की बात तो यह है कि देश में तकरीबन 25,000 करोड़ रुपए के विज्ञापन बाजार में भी दलितों, आदिवासियों और पिछड़ों का हिस्सा शून्य है। इसका एक मतलब यह भी है कि मीडिया मालिकों, मीडियाकर्मियों और विज्ञापन के तीनों स्तरों पर भयानक सामाजिक असंतुलन है।

झारखंड की मीडिया टीम से आदिवासियों की बेदखली इस बात का प्रमाण है कि प्रदेश में वे मत निर्माण (ओपिनियन मेकिंग) करने की प्रक्रिया का हिस्सा नहीं हैं। जिनके नाम पर एक प्रदेश का गठन तक हो गया, उन आदिवासियों की कोई विशेष भागीदारी मीडिया में नहीं है। पूरे प्रदेश की पत्रकारिता सवर्ण व सामंती मिजाज से लबरेज है। इन अखबारों के संपादक आदिवासी नौजवान को अखबार के दफ्तर में चपरासी तक बनाने से परहेज करते है, ऐसा नहीं कि झारखंड में आदिवासी पत्रकारों की कमी है। अकेले राँची में एक दर्जन से अधिक ऐसे आदिवासी पत्रकार हैं, जो राष्ट्रीय स्तर पर लेखनी के जरिए सक्रिय हैं। झारखंड के अखबारों में उन्हें नौकरी नहीं दी जाती है। राँची से प्रकाशित एक अखबार के संपादक जातीय राजनीति के कारण पत्रकारिता में जाने जाते हैं और पत्रकारिता से बाहर उनकी छवि एक सामाजिक चिंतक और जातिविहीन समाज की स्थापना करने वाले प्रवक्ता के रूप में होती है। इस संपादक के सामंती मिजाज का हाल यह है कि जाड़े की धूप में लेटकर आने नौकरों से दो घंटे मसाज करवाते हैं और फिर आदिवासियों के शोषण

पर लंबा-लंबा नसीहत भरा भाषण करते हैं। बिहार और झारखंड की सरकार के साथ न वे सिर्फ गलबहियाँ करते हैं, बल्कि चापलूसी करके अपने अखबार के लिए सबसे अधिक विज्ञापन भी जुटाते हैं। ऐसे दोहरे चरित्र के संपादकों से आदिवासी पत्रकारों को न्याय की उम्मीद करना बेमानी होगी। मार्के की बात यह है कि हिंदी पत्रकारिता के पिछले 150 साल के इतिहास में मानसिकता और मनोवृत्ति नहीं बदली है। सच तो यह है कि आजादी के इतने साल बाद भी समस्त नागरिकों के विचार, अभिव्यक्ति और विश्वास की स्वतंत्रता एक खास तबके के पास सुरक्षित है। झारखंड की पत्रकारिता के शो केस में कहीं भी आदिवासी पत्रकारों की स्थायी गुंजाइश नहीं हैं। आश्चर्य की बात तो यह है कि अखबार में किसी खास मौके पर जब आदिवासी समाज या संस्कृति पर संपादकों को लिखवाना होता है तो फ्रीलांस आदिवासी लेखकों की मदद ली जाती है। पारिश्रमिक के नाम पर बहुत कम राशि भुगतान की जाती है, ठेठ अंदाज में कहें तो आदिवासी पत्रकार अखबार के संपादकों के लिए। खाने में परोसे गए कई तरह के व्यंजनों के बीच चटनी की तरह हैं।

जरा झारखंड से निकलने वाले दैनिक जागरण अखबार के दफ्तर की एकबानगी तो देखिए। पटना के प्रधान संपादक शैलेंद्र दीक्षित जब कभी राँची दौर पर दफ्तर आते थे तो यूनिट के तमाम पत्रकार उनके पैर छूकर अपने धन्य-धन्य होने का एहसास करते थे। पैर छूनेवालों की होड़ लग जाती थी।

आदिवासी पत्रकारों को इस अखबार में नौकरी देने पर कोई सवाल ही नहीं उठता है। जिले या कस्बे के स्तर पर जहाँ कही भी संवाददाता हैं, भी तो उन्हें कोई मानदेय नहीं दिया जाता है। आदिवासी संवाददाताओं से मुफ्त सेवा लेना विभिन्न अखबारों की पहली प्राथमिकता है। 'प्रभात खबर' और 'दैनिक जागरण' झारखंड में सबसे अधिक पत्रकारों का

शोषण करने में यकीन करते हैं।

झारखंड की पत्रकारिता में आदिवासी पत्रकारों का कोई वजूद नहीं है। यहाँ की पत्रकारिता में उनकी जगह अखबार के दफ्तरों में दलित या आदिवासियों के लिए नौकरी का कोई माहौल ही नहीं है। झारखंड से निकलनेवाले सभी अखबारों में आदिवासी अथवा दलित पत्रकारों की नियुक्ति का कोई प्रावधान भी नहीं है। झारखंड में पत्रकारिता की आजादी का मतलब ऊँचे वर्ग और ऊँची जाति के हितों का पोषण करने वाली सूचनाएँ, विचारों को प्रसारित करने की आजादी है। अखबार में 'आदिवासी' एक खूँखार माओवादी की तरह प्रस्तुत किया जाता है। यह कहने में कोई हिचक नहीं है कि झारखंड की पत्रकारिता सरकार के सुर-ताल पर नृत्य करती रहती हैं। एक साजिश के तहत पत्रकारिता से दलित और आदिवासियों को अलग रखा गया है। उनके लिए अभिव्यक्ति की आजादी का कोई मतलब नहीं निकलता है।

बहरहाल, झारखंड में विभिन्न अखबारों के दफ्तर में खोजने से भी कोई आदिवासी स्टाफर, पत्रकार आपको कहीं नहीं मिल सकता। एकाध ही पत्रकार मिल भी जाए तो उसकी हालत बेहद दयनीय रहती है। जनविरोधी पत्रकारिता के इस दौर में आदिवासी पत्रकारों का कोई स्थायी पता-ठिकाना किसी के पास नहीं हैं। पत्रकारिता तो पत्रकारिता; राजनीति में सक्रिय आदिवासी नेता आदिवासी पत्रकारों को अपना पी.ए. तक बनाना मुनासिब नहीं समझते, झारखंड के जितने भी आदिवासी नेता हैं, उनके सलाहकार गैर आदिवासी पत्रकार बने हुए हैं। झारखंड का कोई भी जनसंगठन इस बात को कभी नहीं उठाता है कि आखिर पत्रकारिता की मुख्य धारा से आदिवासी पत्रकारों की बेदखली की वजह क्या है? देर-सबेर पत्रकारिता के झंडाबरदारों को इस बात का जवाब देना होगा कि आदिवासी पत्रकार उनके लिए अछूत क्यों हैं।

इस सवाल का जवाब चाहिए कि आदिवासी पत्रकारों के हाथ में भी कलम है कि झारखंड के लोग भी लिखना चाहते हैं। अपनी खबर में अखबार के पन्नों पर सच-सच लिखना चाहते हैं। वे भी अपना रंजोगम। कहना चाहते हैं। पत्रकारिता के इतने बड़े कारोबार में आदिवासी नौजवानों को भी चाहिए वाजिब हिस्सेदारी।

□

जनसंघर्ष और मीडिया

झारखंड में सरकारी 'विकास' के साथ ही समांतर रूप से 'विस्थापन' की भी लंबी व्यथा-कथा है। विकास का विरोधाभास यहाँ की पत्रकारिता में भले ही सतही तौर पर केंद्रीय बहस में दिखाई देता हो, लेकिन सच इसके एकदम उल्ट है। झारखंड की पत्रकारिता में विकास और विस्थापन का भाव स्थायी है। विस्थापन से उपजे संघर्ष को हवा देना यहाँ के मीडिया का सबसे सुरक्षित खेल रहा है। विस्थापन का कोई भी संघर्ष जब-जब झारखंड में परवान चढ़ा है, तब-तब अखबार मालिकों की भूमिका जनविरोधी ही साबित हुई है। विस्थापन के हर संघर्ष के अंतिम पड़ाव पर पत्रकारिता के सूरमा संपादकों ने धोखा दिया है। अखबार भी सरकार की भाषा में बोलने लग जाते हैं। सरकार और अखबार के पास हर संघर्ष को तोड़ने और आरोपित करने के लिए माओवाद का चस्पा सबसे मुफीद फॉर्मूला बना हुआ हैं।

यह सभी जानते हैं कि झारखंड प्रचुर प्राकृतिक संसाधनोंवाला प्रदेश है। यहाँ कोयला, लौह अयस्क, अभ्रक, बॉक्साइट, चीनी मिट्टी, ताँबा, मैगनीज, डोलेमाइट, अग्निविरोधी पत्थर, कैनाइट, क्रोमाइट और यूरेनियम भारी मात्रा में है। इसके बाद भी यहाँ के मूल निवासी ऐसी गरीबी झेल रहे हैं कि देशभर की गरीबी का जो सूचकांक उछाल है,

वह झारखंड का सबसे अधिक है। झारखंड की 'गरीबी' ग्लोबल बाजार में एक ऐसा मल्टी ब्रांड है कि विश्व बैंक से लेकर कॉरपोरेट घरानों के खिलाड़ी खुले हाथ से यहाँ पैसा लुटाते हैं। इस लूट में यहाँ के मूल निवासी को छोड़कर सभी लोग साझे हितों के साथ शामिल हैं। सरकार और पत्रकारिता विकास, विस्थापन के काफी धुरंधर खिलाड़ी बने हुए हैं।

झारखंड में 1778 ई. में रानीगंज में पहली कोयला खदान खुलने के साथ ही विस्थापन की दर्दभरी कहानी की शुरुआत हुई। इसके बाद 19वीं सदी के उत्तरार्द्ध में धनबाद में कोयला खदान खुली और 1907 में काली माटी (टाटा) में टिस्को कारखाना की स्थापना हुई। खनन उद्योग और औद्योगिक कारखानों के साथ-साथ जल संसाधन विकास व वन्य संरक्षण की योजनाओं ने भी आदिवासियों को विस्थापित किया। विश्व बैंक की एक रिपोर्ट में अनुमान लगाया गया है कि अकेले स्वर्णरेखा बहुउद्देशीय परियोजना ने 14000 परिवारों यानी लगभग 70,000 व्यक्तियों को विस्थापित किया, जबकि जानकारों का कहना है कि विस्थापितों की संख्या एक लाख से अधिक होगी और 90 फीसदी विस्थापित आदिवासी हैं।

यह कहना कठिन और बेहद जटिल है कि विकास-जनित परियोजनाओं से झारखंड में कितने लोग विस्थापित हुए। 1950 से 1995 तक अधिग्रहित 22.3 प्रतिशत भूमि वन क्षेत्र की थी। विभिन्न योजनाओं के लिए आम लोगों से कोई राय नहीं ली गई। इस तरह आदिवासियों को बिना किसी मुआवजा व पुनर्वास के उन्हें अपनी जमीन से बेदखल कर दिया गया। पत्रकारिता में विस्थापन की समस्यामूलक खबरें उड़ते हुए पक्षी की तरह आती और जाती रहती है। विस्थापन के हर संघर्ष में आदिवासियों की हार हुई है। उनके संघर्ष को उभारने और

तोड़ने में अखबारों की भूमिका की एक अलग कहानी है। विकास हो या विस्थापन, पत्रकारिता के लिए यह सरकार के आगे कभी एक मजबूत सवालों का आईना नहीं बन सका। पत्रकारिता संघर्ष का इतिहास भी लिखती है और पराजय की पतन गाथा भी। झारखंड में जल परियोजना से विस्थापित लोगों का आँकड़ा बेहद चौंकानेवाला है। वर्ष 1997 में जल-संसाधन के बारे में शोध करने वाले फर्नांडिस और आसिफ का आकलन था कि विगत 45 वर्षों में जल स्रोतों की विकास योजनाओं के नाम पर 34 प्रतिशत भूमि का अधिग्रहण किया गया। खास बात यह है कि इस संदर्भ में सरकारी दस्तावेजों में विस्थापितों से संबंधित पूरी सूचनाएँ नहीं मिलती हैं। बानगी के तौर पर दामोदर वैली कॉरपोरेशन 1962 का आँकड़ा गौरतलब है। इस आँकड़े के मुताबिक तिलैया डेम के कारण 16,120 व्यक्ति विस्थापित हुए, जिनमें से 1,912 परिवारों ने अपनी भूमि खोई तथा 779 परिवारों ने अपना घर तथा कृषि भूमि दोनों को खोया। इससे यह पता नहीं चलता है कि विस्थापित किन सामाजिक समुदायों से संबंधित हैं। इंडियन सोशल इंस्टीट्यूट के मुताबिक जल स्रोतों के विकास के नाम पर कुल 2,32,968 लोग विस्थापित हुए हैं। जिनमें 75.2 प्रतिशत आदिवासी समुदाय के हैं।

पत्रकारिता सतही तौर पर झारखंड के विस्थापितों की पड़ताल करती रही है। विस्थापन के किसी भी मामले में फॉलोअप खबर देने की कोई परंपरा नहीं रही है। सरकारी भाषा ही पत्रकारिता की भाषा बनी रही है। इसी तरह झारखंड में औद्योगिकीकरण से मूल निवासियों को बहुत फायदा नहीं हुआ। जाहिर है कि इन उद्योगों में नौकरी के लिए उच्च तकनीकी ज्ञान जरूरी था, जिससे आदिवासी वंचित थे। उन्हें अधिकाशतः चौथी श्रेणी की नौकरियाँ मिलीं और उसमें भी उचित प्रतिनिधित्व नहीं मिला। विस्थापन उनकी विवशता हो गई।

जानकारी के मुताबिक 1907 में टाटा इस्पात उद्योग की स्थापना हुई और उसी वक्त उसने चार गाँवों की 3564 एकड़ जमीन हड़प ली। उन चार गाँवों के विस्थापित आदिवासी कहाँ गए, इसकी कोई प्रामाणिक जानकारी किसी के पास नहीं है। इसी तरह 1958 में एच ई सी के निर्माण में 24 गाँवों की 9200 एकड़ जमीन चली गई, जिससे 2198 परिवारों के कुल 15,450 लोग विस्थापित हुए। बोकारो स्टील प्लांट के लिए भी 46 गाँव उजाड़े गए।

जिससे कुल 12,487 परिवार विस्थापित हुए और उनमें ज्यादातर आदिवासी थे। इसी तरह झारखंड में 15 बड़े और मझोले उद्योगों और थर्मल पावर परियोजना के चलते व्यक्ति विस्थापित हुए। जिनमें 22,473 व्यक्ति आदिवासी थे। इनमें एच ई सी से राँची 11,370, बोकारो स्टील प्लांट से 6,701, एच सी एल घाटशिला 1,734, तेनूघाट थर्मल बोकारो से 515, सिंदरी खाद कारखाना से 410 और बोकारो थर्मल से 383 आदिवासियों का सबसे अधिक विस्थापन हुआ। इसी तरह से खनन उद्योग से भारी मात्रा में विस्थापन हुआ है। एक अनुमान के अनुसार 1981 से 85 की अवधि में सीसीएल और ईसीएल ने 1,50,300 एकड़ भूमि पर कब्जा जमा लिया। इसमें 32,700 से अधिक परिवार विस्थापित हो गए, केवल 11,901 विस्थापितों को ही नौकरी मिली।

आदिवासियों की जमीन-बर्बादी की ताजा मिसाल उत्तरी कर्णपुरा घाटी की पिपवारा कोयला परियोजना है। इससे 15,433 जिंदगियाँ बुरी तरह प्रभावित होंगी। दामोदर घाटी के बाद सिंहभूम जिला खनन कार्य का मुख्य इलाका है। यहाँ 300 से अधिक खदान चालू हैं। जानकारी के मुताबिक 1,51,000 एकड़ से भी अधिक जमीन के टुकड़े विभिन्न खनन एजेंसियों ने लीज पर ले रखे हैं। इन आदिवासियों को विभिन्न सुरक्षा

परियोजनाओं के कारण भी विस्थापन की पीड़ा और कष्ट झेलने पड़ रहे हैं। हजारीबाग का फील्ड फायरिंग रेंज और बी एस एफ का छावनी निर्माण आदिवासियों के हक–अधिकार को रौंदकर ही किया गया। दीपाटोली, राँची की छावनी से तो सौ फीसदी आदिवासी विस्थापित हो गए, अभी नेतराहाट फील्ड फायरिंग रेंज परियोजना के कारण 245 गाँवों के 2,62,853 लोगों पर विस्थापन का खतरा मंडरा रहा है।

वरिष्ठ पत्रकार हेमंत ने लिखा है कि झारखंड में विकास की वेदी पर अब तक करीब 65.50 लाख और कारखानों के कारण 12.50 लाख लोग विस्थापन के शिकार हैं। एक अध्ययन के अनुसार बड़े बाँधों से संबद्ध बड़ी सिंचाई परियोजनाओं के कारण 16.40 लाख लोगों पर विस्थापन की मार पड़ी है। एक सच्चाई यह भी है कि वन जीव संरक्षण, अभयारण्य एवं अन्य मामलों के करीब 11 लाख की आबादी का घर उजड़ गया। एक हकीकत यह भी है कि आज की तारीख तक झारखंड में एक–चौथाई आबादी विस्थापन की शिकार हो चुकी है। कहने का मतलब आज झारखंड में हर चौथा झारखंडी विस्थापन की पीड़ा झेल रहा है।

यहाँ की पत्रकारिता के लिए आज तक विस्थापन कोई बड़ा सवाल नहीं बन पाया है। इस विस्थापन के खिलाफ जितने भी जनसंघर्ष हुए, उसमें भी अखबारों की भूमिका इन समुदायों के हित में नहीं थी। सरकार को जो बातें अच्छी लगती हैं, अखबार उन्हें ही अपना मुनाफे का एजेंडा बनाता है। अखबार में छपी खबरों को देखकर ऐसा लगता है गोया अखबार संघर्ष के साथ है, जबकि ऐसा कतई नहीं होता। पत्रकारिता संघर्षों को सिर्फ प्ले करती हैं।

□

पत्रकारिता व जनजाति

झारखंड की पत्रकारिता में जनजातियों के लिए कोई खास स्थान नहीं है। अखबार में जनजातियों की स्थिति 'बाइस्कोप' की तरह है। गोया, देखो-देखो आगरे का ताजमहल देखो। दिल्ली की कुतुब मीनार देखो की तर्ज पर पत्रकारिता में भी जनजातियों की स्थिति कुछ ऐसी है हैं। चूँकि झारखंड की बहुसंख्यक जनजाति अखबार के पाठक नहीं हैं, इसलिए पत्रकारिता में इनके लिए कोई जगह नहीं है। पूरे राज्य में जनजातियों की जनसंख्या 60,44,101 हैं, जिसमें 93.22 प्रतिशत जनजाति ग्रामीण क्षेत्रों में रहती है। धनबाद जिले के ग्रामीण क्षेत्र में 78 फीसदी, गुमला में 98 प्रतिशत और संताल परगना के चारों जिलों के ग्रामीण क्षेत्र में 97.72 प्रतिशत से 99.49 प्रतिशत वास करती है।

संताल झारखंड में सबसे बड़ी जनजाति हैं। संताल की जनसंख्या अकेले उरांव, मुँडा और हो की कुल जनसंख्या के बराबर है। ये चारों जनजाति कुल जनजातीय जनसंख्या का 82-66 फीसदी हैं। इसके अलावा आदिम जनजाति और बहुत सी छोटी जनजातियों के विकास का स्तर बहुत ही नीचा है। कुछ हद तक अधिकार और सुविधाएँ चारों बड़ी जनजातियों को मिल भी जाती हैं, लेकिन आदिम जनजातियों के विकास की योजना कारगर नहीं हो पा रही है। उल्लेखनीय है कि झारखंड में

करीब 66.85 प्रतिशत कार्यशक्ति कृषि कार्य से जुड़ी हुई है। कुल मजदूरों का 4-15 प्रतिशत घरेलू उद्योग और 29 प्रतिशत दूसरे आर्थिक कार्यों से जुड़ा है। 1991 की जनगणना में 70.9 प्रतिशत कृषि कार्य में थे, जिसमें 50.2 प्रतिशत खेतिहर और 20.7 प्रतिशत खेत मजदूर थे। वहीं सन् 2001 की जनगणना में खेत मजदूर 28.26 प्रतिशत हो गए। पेशे में यह बदलाव इस बात को दर्शाता है कि कुछ कृषकों को अपनी जमीन खोनी पड़ी है। इतना ही नहीं, झारखंड के 22 जिलों में से 14 जिलों में खनिज आधार नहीं है। उनकी जीविका का मुख्य स्रोत कृषि है।

इतना ही नहीं, झारखंड की जनजातियों में साक्षरता संतोषजनक नहीं है, आदिम जनजातियों में साक्षरता दर सबसे कम है। उनमें यह दर 4.22 से 7.58 तक है। खड़िया में साक्षरता दर 24.86, उराँव में 23.28 और मुंडा में 22.16 है। प्रति हजार व्यक्ति में 900 महिलाएँ और 882 पुरुष निरक्षर हैं। प्रदेश में सबसे बड़ी जनजाति संताल है, लेकिन प्रति हजार में निरक्षरता 872 है, जो प्रति हजार मुंडा, उरांव और हो की तुलना में सबसे अधिक है। जनजातियों की आर्थिक स्थिति बेहद खराब है। प्रदेश में कृषि एक मुख्य पेशा है, जिस पर राज्य की आर्थिक स्थिति निर्भर करती है। कुल भूमि के 25.9 प्रतिशत में कृषि कार्य होता है और 30.2 प्रतिशत में जंगल है। 28 लाख हेक्टेयर कृषि क्षेत्र की भूमि के 60.8 प्रतिशत में धान की खेती होती है और 6.4 प्रतिशत में मकई उपजाई जाती है। रागी, गेहूँ और दलहन क्रमशः 2.4, 2.7 और 9.8 प्रतिशत क्षेत्र में उपजाई जाती हैं।

झारखंड में कृषि क्षेत्र बहुत ही पिछड़ा हुआ है। यहाँ सिंचाई की समुचित व्यवस्था नहीं हैं। खेती के औजार और उत्पादन के साधन पुराने और पारंपरिक हैं। झारखंड की जनजातियों में कृषि की स्थिति और भी खराब है। सनद रहे कि 94 प्रतिशत जनजाति ग्रामीण क्षेत्र में

रहती है और आदिम जनजाति अब भी जंगलों पर आधारित है। दुमका, जामताड़ा, साहेबगंज, राँची, गुमला, सिमडेगा, सिंहभूम, सरायकेला, पलामू और गढ़वा जिले के 70 प्रतिशत से अधिक लोग गरीबी रेखा से नीचे जिंदगी गुजार रहे हैं। प्रदेश के गरीब परिवारों में लगभग 52 प्रतिशत जनता कमजोर वर्ग, खासकर अनुसूचित जनजाति और अनुसूचित जाति से आती है। हैरत की बात तो यह है कि यहाँ पाँचवीं अनुसूची क्षेत्र होने के बावजूद पिछले साठ दशकों में आदिवासियों को सुविधा और अधिकार नहीं मिले हैं। इन क्षेत्रों की देखरेख और हस्तक्षेप करने का अधिकार राज्यपाल का होता है, लेकिन आज तक किसी भी राज्यपाल ने इस दिशा में आवश्यक पहल नहीं की।

पत्रकारिता के दायरे से भी झारखंड की यह आबादी वंचित है। प्रदेश के बहुसंख्यक ग्रामीण इलाकों की खबरों के लिए अखबार के पन्नों पर कोई स्पेस नहीं है। शहरी पाठक वर्गों को ध्यान में ही रखकर झारखंड में पत्रकारिता की जाती है। सन् 1980 और 1990 के दशक में जनपक्षधरता की पत्रकारिता व्यापक पैमाने पर की जाती थी। पत्रकारों के बीच एक तरह से ग्रामीण इलाकों की खबरें निकालने और लिखने की होड़ लगी रहती थी। उस दौर में ही 'रविवार', 'दिनमान', 'अवकाश', 'युवकधारा', 'साप्ताहिक हिंदुस्तान' और 'धर्मयुग' जैसी पत्रिकाओं में झारखंड की पत्रकारिता उभरकर सामने आई थी। इस बारे में झारखंड के वरिष्ठ पत्रकार अमित अनंत का कहना है कि जनपक्षीय पत्रकारिता का दौर बिल्कुल मिट चुका है। अब तो पत्रकारिता विशुद्ध रूप से सत्ता की सवारी में लगी हुई है। इस दौड़ में एक से बढ़कर एक पत्रकार लगे हुए हैं। हमाम में सभी लोग नंगे हैं।

आलम यह है कि झारखंड की पत्रकारिता में जनजातियों के लिए कोई जगह नहीं है। वैसे 'प्रभात खबर' अखबार ने 'पंचायतनामा'

निकालकर एक संदेश जरूर दिया है कि पंचायत के स्तर पर खबरों की एक अपनी भूमिका है। अखबार के ग्रामीण पाठकों तक अपनी पैठ बनाने के लिए एक दूरगामी सोच के तहत 'पंचायतनामा' का प्रकाशन किया जा रहा है। हाल के दिनों ऐसा हुआ है कि ग्रामीण तबकों के बीच विकास की राशि भारी पैमाने पर पहुँची है, जिसके कारण राजनीतिक बिचौलियों का एक वर्ग पैदा हुआ है। इतना ही नहीं, झारखंड के ग्रामीण क्षेत्रों में सूचना पाने की प्यास बढ़ी है। इस प्यास को बुझाने के लिए अखबार समय-समय पर ऐसे विशेषांकों का आयोजन करते रहते हैं, जिससे ग्रामीण पाठकों का जुड़ाव बना रहे। सच बात तो यह है कि झारखंड की पत्रकारिता में गरीबी, अशिक्षा, विकास राजनीति का ऐसा दाँव-पेंच है कि पाठक छपे हुए शब्दों पर यकीन करके ही अपनी राजनीतिक धारणा बनाते हैं। यह धारणा ही सत्ता की सीढ़ी है। प्रदेश में 'ओपीनियन मेकर' बनकर भी पत्रकारिता से झारखंड की जनजातियों को कोई लाभ नहीं है।

दरअसल, पत्रकारिता झारखंड की बहुसंख्यक आबादी को ध्यान में रखकर हो नहीं रही है। आदिवासी या जनजाति अखबारों के पन्नों पर आदिम मानुष की तरह ही पेश किया जाता है। यही वजह है कि प्रदेश की एक बड़ी आबादी पत्रकारिता से वंचित है। अखबार में 'आदिवासी समाज' एक कर्मकांडी आयोजन की तरह ही दिखाई देते हैं। अखबार अपने मुनाफे के धंधे में लगे हैं। जनजातियों की स्थिति जैसी है वैसे थी। झारखंड की जनजातियों को अखबार से कोई लेना-देना भी नहीं है। अखबार पढ़ने को न तो वे साक्षर हैं और आंशिक रूप से जो साक्षर हैं, उनके पास अखबार खरीदने की क्षमता भी नहीं हैं।

□

सांप्रदायिकता और अखबार

झारखंड में सांप्रदायिकता का पत्रकारिता से काफी पुराना रिश्ता है। 'राँची एक्सप्रेस' इसका गवाह है। तब पूरे झारखंड में अकेले जो पत्रकारिता के जनपक्षीय सरोकार का विस्तार करने में लगे थे। उस दौर में 'राँची एक्सप्रेस' का प्रकाशन ही संघ के विचारों का प्रचार-प्रसार व्यापक करने के लिए शुरू किया गया था। पूर्व प्रधानमंत्री अटल बिहारी वाजपेयी ने आकर अखबार का उद्घाटन किया था। 'राँची एक्सप्रेस' खुलेआम तरीके से समय-समय पर ईसाई और इस्लाम विरोधी प्रचार के साथ-साथ हिंदू धर्म की तमाम विकृतियों, कुरीतियों, अंधविश्वासों और धार्मिक मेलों, यज्ञों, विशाल भगवती जागरणों, धार्मिक नेताओं के भाषणों तथा धर्मांतरण संबंधी समाचारों को प्रमुखता के साथ-साथ देता था। संघ से जुड़े लोग उन दिनों 'राँची एक्सप्रेस' को अपना मुख पत्र मानते थे। अखबार के जरिए आदिवासियों को यह बताया जा रहा था कि वे भी हिंदू धर्म का अभिन्न अंग हैं। कई तरह की खबरें प्रायोजित करता रहता था। इस अखबार को बाद में चलकर जब केंद्र में भाजपा राज आया तो सीधा राजनीतिक लाभ मिला। कुछ धन्ना सेठ और पूँजीपति मिलकर 'राँची एक्सप्रेस' अखबार का इस्तेमाल फासीवादी सोच को जमीन पर उतारने में कर रहे थे। संघ की इस जहरीली सोच का लाभ भाजपा को सत्ता के रूप में मिला, आर.एस.एस.

के शातिर खिलाड़ियों ने झारखंड को अपना एक मॉडल बनाया। इस कार्य में उन्हें बेहद सफलता मिली। 'राँची एक्सप्रेस' और हिंसक हिंदू सोच वाली स्वयं सेवी संस्थाओं के माध्यम से आर.एस.एस. ने एक खास तरह की किलेबंदी की, खास तौर पर झारखंड के शहरी क्षेत्र में संघ ने शाखा की एक नई पाठशाला खोल दी। संघ के ही एक संगठन 'संस्कृति बिहार' नाम की संस्था ने तो उस दौर में हद ही कर दी। इस संस्था के नेता का नाम कोई ओबराम साहेब था। इसी संस्था ने एक बार 'पादरी भगाओ' नाम से एक काफी खतरनाक पर्चा बाँटा था, जिसमें ईसाई धर्म के खिलाफ जहर उगला गया था। हिंदू धर्म के नाम पर बड़े ही शातिराना तरीके से सांप्रदायिकता का विस्तार 'संस्कृति बिहार' नामक संस्था ने किया। कहीं पत्थर मिल जाए या फिर कुल्हाड़ी तो इस संस्था के माध्यम से वहाँ मेला या धार्मिक आयोजन होना तय हो जाता था। आदिवासियों को रिझाने के लिए संघ ने बहुत पसीना बहाया। यही कारण है कि बिहार से झारखंड के अलग होते ही भाजपा को सत्ता मिली। बाद में चलकर सत्ता के लिए भाजपा में बिखराव हुआ। इसमें अखबार की भी अच्छी-खासी भूमिका रही।

पत्रकारिता झारखंड में कई विचारधाराओं के बीच बँटा हुआ है। कांग्रेस, भाजपा, जयप्रकाशवादी और माओवादी विचारों की टकराहट झारखंड में होती रही है। आर.एस.एस. मानसिकता का वर्चस्व सबसे अधिक है। सांप्रदायिकता झारखंड की पत्रकारिता की नस-नस में है। संघ के इरादों को पंख झारखंड की पत्रकारिता से ही लगे, आर.एस.एस. की राजनीतिक ईकाई भाजपा का सत्तारोहण अखबार के भ्रम और घोटालों के कारण ही हो रहा है। झारखंड में सभी राजनीतिक दल हर योजनाओं को दोनों हाथ से लूटने में लगे हैं। अघोषित रूप से सत्ता के नेताओं के साथ अखबार मालिकों को लूट में हिस्सेदारी है। सत्ता के नेता इसे कई रूप में चुकाते हैं।

आर.एस.एस. ने झारखंड में बड़े ही सुनियोजित तरीके से सांप्रदायिक राजनीति का बीजारोपण किया। 1952 में जब जयपाल सिंह के नेतृत्व में पूरे झारखंड में अलग राज्य के लिए आंदोलन का तूफान चल रहा था, तब संघ के नेताओं ने चुपके से जशपुर में एक वनवासी कल्याण आश्रम खोला। जशपुर एक छोटा शहर है, जो राँची और मध्य प्रदेश सीमा के पास सरगुजा जिले में पड़ता है। मध्यप्रदेश के राजा-रानियों से संघ और जनसंघ को हमेशा मदद मिलती रहती है। वनवासी कल्याण आश्रम की तरह ही संघ घोषित एक और संस्था है दीनदयाल शोध संस्थान, यह संस्था दिल्ली में है, लेकिन इसके प्रोजेक्ट आदिवासी इलाकों में चलते हैं। जमशेदपुर के सांप्रदायिक दंगे में संघ का ही हाथ था।

इस दंगे में आदिवासियों का इस्तेमाल किया गया, जनता पार्टी के शासन में झारखंड के आदिवासी इलाकों में संघ के प्रचार-प्रसार के पीछे सबसे बड़ा हाथ सरकारी और प्रशासनिक सहायता का था। संघ के संप्रद्रायवादी मुख्य नेता कैलाशपति मिश्र थे। उन्होंने आर.एल. नंदा को राँची विश्वविद्यालय का कुलपति बनवाया। कुलपति ने आदिवासी समाज को बौद्धिक व सांस्कृतिक स्तर पर बर्बाद करने के लिए कई तरह के हथकंडे अपनाए। समय-समय पर उनका तीखा विरोध होता रहा। सच बात तो यह है कि बिहार में जनता पार्टी के शासनकाल में संघ द्वारा झारखंड में 'राँची एक्सप्रेस' की पत्रकारिता की सवारी करते हुए जमशेदपुर का बदनाम दंगा हुआ। आयोग की रिपोर्ट में संघ और भाजपा में नेता दीनानाथ पांडे का नाम सामने आया। वैसे, 'प्रभात खबर', 'हिंदुस्तान' अखबार ने सांप्रदायिक राजनीति का शुरू से विरोध किया। जब 'राँची एक्सप्रेस' पूरी तरह आम पाठकों के बीच 'एक्सपोज' हो गया तो पत्रकारिता के बाजार से नकार दिया गया, लेकिन एक नए चेहरे के साथ 'दैनिक

जागरण' ने सांप्रदायिक राजनीति का झंडा थाम लिया। 'राँची एक्सप्रेस' की जगह अब 'दैनिक जागरण' ने ले ली है। इन दिनों झारखंड में संघ व भाजपा के प्रचार-प्रसार का जिम्मा इस अखबार के कंधे पर है। झारखंड में संघ और भाजपा से जुड़े पाठक अपना अखबार 'जागरण' को ही मानते हैं।

झारखंड में सांप्रदायिक राजनीति लाने में पत्रकारिता की अहम् भूमिका रही है। इस राजनीति के खिलाफ लंबे समय से संघर्ष भी चल रहे हैं। हिंदूवादी मानसिकता की वजह से पत्रकारिता काफी आक्रमक तरीके से अपना कार्य कर रही है। आदिवासियों के लिए हिंदू धर्म की गहरी साजिश रची जा रही है। यह पत्रकारिता के सहारे ही किया जा रहा है। यह कहने में कोई हिचक नहीं कि झारखंड पत्रकारिता की वजह से सांप्रदायिकता की गोद में है। कभी भी इसके दुष्परिणाम निकल सकते हैं। पत्रकारिता का यह पाखंड सत्ता का माध्यम बना हुआ है। आदिवासी समाज सांप्रदायिक राजनीति के जबड़े में फँसा हुआ है। पत्रकारिता ही इसका मूल स्रोत रहा है।

केंद्र में जब भाजपा की सरकार बनी तो झारखंड सांप्रदायिक राजनीति का अखाड़ा बन गया। संघ के लोगों ने तो संस्था बनाकर बजाप्ता शोध संस्थान ही खोल लिया। उस दौर में आदिवासियों के बीच काम करने के लिए विदेशों में सबसे अधिक धन संघ से जुड़े संस्थाओं को ही मिला। लेखन के स्तर पर गलत तरीके से धर्म की व्याख्या करके झारखंड के गाँव-गाँव तक में प्रचार-प्रसार किया गया। सांप्रदायिक पत्रकारिता की जड़ें झारखंड में काफी गहरी हैं, और यह सब सत्ता के संरक्षण में चल रहा है।

□

अखबार में घोटाला

झारखंड राजनीतिक घोटालों का प्रदेश बना हुआ है। यहाँ शासन का शायद ही कोई ऐसा विभाग नहीं है, जहाँ भ्रष्टाचार की दीमक न लगी हो। एक निर्दलीय विधायक मधु कोड़ा ने मुख्यमंत्री बनते ही घोटालों की तमाम सीमाओं को तोड़ दिया। बिहार से विभाजन के बाद झारखंड में भ्रष्टाचार का संस्थाबद्ध विकास हुआ है। यहाँ यह बता पाना बेहद मुश्किल है कि कौन घोटाला करने में लिप्त नहीं है। राजनीतिक घोटाला यहाँ की कार्य संस्कृति बना हुआ है। पत्रकारिता में घोटालों की अपनी भूमिका है। अखबार के लिए घोटालों की खबरें एक भव्य आयोजन की तरह हैं। वही घपला और घोटाले सामने आते हैं, जिसकी डील ठीक से नहीं हो पाती है। अखबार के लिए ऐसी खबरें पाठकों की नजर में एक सनसनी बनकर आती हैं। अखबार के पाठकों को यह लगता है कि वाह, फलाँ समाचारपत्र ने कितना बढ़िया घोटालों की खबरों का खुलासा किया है, लेकिन ऐसा होता नहीं, इस तरह के मामले दर्ज होने के बाद ही नमक-मिर्च लगाकर अखबारवाले परोसते हैं। इसमें भी यह देखा जाता है कि किस अखबार का किन घोटालेबाजों से प्रगाढ़ रिश्ता रहा है। हर अखबार अपने संबंधों के आधार पर ही ऐसी

खबरों का पोस्टमार्टम करने में यकीन रखते हैं। अखबार में घोटाले की खबरें कैसे चलती हैं, इसकी बानगी पशुपालन घोटाला है। इस चर्चित घोटाले का तार बिहार और झारखंड से जुड़ा हुआ था। पटना और राँची में चर्चित पशुपालन घोटाले का खेल बाइस वर्षों से चल रहा था। लगभग सभी अखबारों के संपादकों और वरिष्ठ पत्रकारों को इस बात की जानकारी थी। कई संपादकों ने तो इस घोटाले में नेताओं की तरह 'गंगा स्नान' भी किया। जिस अखबार का कार्य है लोगों तक सूचना देना, उसने सूचना को बाइस साल तक छिपाकर रखा। पशुपालन घोटाले की खबर तब सामने आई, जब यह मामला कोर्ट पहुँचा। मजेदार बात यह है कि कोर्ट में भी वह मामला तब पहुँचा, जब नेताओं के बीच राशि बंदरबाँट को लेकर टकराहट हुई। लालू को छोड़कर नीतीश का दामन थामनेवाले शिवानंद तिवारी ने मौके का फायदा उठाते हुए अदालत का दरवाजा खटखटाया। तब जाकर यह बात सामने आई कि बाईस साल से पटना और राँची में पशुपालन घोटाला चल रहा था। सवाल उठता है कि राँची और पटना के संपादकों ने इतने बड़े घोटाले का पर्दाफाश क्यों नहीं किया। इसके पीछे आखिर कौन सी मजबूरियाँ थी। जनहित की बातें करने वाले संपादकों और अखबारों ने अपनी आँखें और जुबान क्यों बंद कर ली थी। इस सवाल का जवाब शायद ही किसी के पास हो। झारखंड के पूर्व मुख्यमंत्री मधु कोड़ा के घोटालों की भी ऐसी ही कहानी है। परदे के पीछे कई ऐसे संपादकों और वरिष्ठ कथित पत्रकारों की टोली है, जो मधु कोड़ा के इस पाप में सीधे तौर पर भागीदार है।

झारखंड के अखबारों के लिए घोटाले की खबरें एक उत्सव की तरह हैं, और इस उत्सवधर्मी आयोजन में सब बढ़-चढ़ कर हिस्सा लेते रहे हैं। प्रदेश के घोटालेबाजों के साथ मीडिया का भी अघोषित गठबंधन

है। यही कारण है कि इस राज्य के किसी भी नेता को अखबार से कोई शिकायत नहीं रहती है। क्या आपने कभी सुना है कि किसी नेता ने किसी अखबार से पंगा लिया, जबकि अखबार उद्योग पत्रकारों के अकथनीय शोषण की बुनियाद पर ही टिका हुआ है। अखबार का मालिक जितना भ्रष्ट है, उतना शायद ही कोई नेता हो, मुनाफे की मोटी कमाई के लिए अखबार मालिक एक से बढ़कर एक कुकर्म करने में लगे हैं। उनके साम्राज्य का विस्तार 'झूठ की कमाई' से ही शुरू होता है। राजनीतिक घोटाला उनके लिए किसी वरदान से कम नहीं है।

जानकार बताते हैं कि झारखंड में घोटालों की बाढ़ आई है। राजधानी से लेकर ग्राम पंचायत के स्तर तक घोटाला एक्सप्रेस अपनी गति से चल रही है। इस एक्सप्रेस पर राजनेता, नौकरशाह के साथ-साथ अखबार के मालिक भी सवार हैं। चारों तरफ लूट का आलम है। सबसे मार्के की बात यह है कि झारखंड में किसी अखबार ने किसी बड़े घोटाले को आज तक उजागर नहीं किया है। झारखंड की पत्रकारिता का यह सबसे अफसोसजनक पहलू है। अब तक झारखंड में एक दर्जन से अधिक घोटाले सामने आए, ऐसा प्रशासनिक कारणों से होता रहा है। राजनेताओं और प्रशासनिक अधिकारियों की आपसी कलह की वजह से जो भी घोटाले सामने आते हैं तो अखबार अपने तरीके से वाहवाही लूटने में लग जाते हैं। हालाँकि, अखबार ने ही इस मामले को सामने लाया है। खबर देने के नाम पर अखबार के संपादक शब्दों का कर्मकांड रचने में लग जाते हैं। प्रशासनिक स्तर पर जैसे ही कोई बड़ा घोटाला सामने आता है कि संपादक अपने दफ्तर में सहकर्मियों के बीच बौद्धिक तांडव करने में लग जाते हैं कि इस खबर की जानकारी हमें पहले क्यों नहीं हुई कि हमें नया एंगल चाहिए, कि पता करो कि घोटाला कब से चल

रहा था। जिस संवाददाता की बीट की वह घोटालेवाली खबरें रहती है, उसकी तो शामत ही आ जाती है। संपादक घोटाले में परदे के पीछे शामिल सूत्रधार की तलाश में लग जाते हैं। फिर शुरू हो जाता है डील का खेल।

झारखंड में अखबार मालिकों और राजनेताओं में कौन कितना जनविरोधी और भ्रष्ट है, फिलहाल यह कहना बेहद कठिन है। अखबार में घोटालों की खबरें संबंधों के आधार पर तय की जाती हैं। वैसे भी राजनीतिक दलगत आधार पर ऐसी खबरों का खुलासा किया जाता है। मान लीजिए कि घोटाले बाज भाजपा का नेता है तो 'हिंदुस्तान', 'प्रभात खबर', 'दैनिक भास्कर' आदि अखबार हर एंगल से खबरों की छानबीन में जुट जाते हैं। वहीं 'दैनिक जागरण', 'राँची एक्सप्रेस' टाइप अखबार भाजपा नेताओं के बचाव में एकदम नंगे ढंग से उतर जाते हैं। वहीं कहीं घोटाला करने वाले कांग्रेस के नेता या उसके समर्थक होते हैं तो दैनिक जागरण सरीखे सांप्रदायिक अखबार भाँजना शुरू करते हैं। झारखंड में अधिकांश अखबार यह तय कर चुके हैं कि हमें किसे बचाना है और किसकी खाल उधेड़नी है। अखबार मालिकों की अपनी राजनीतिक सीमाएँ और नेताओं के साथ उनके रिश्ते सब कुछ तय करने में लगे हैं।

जरा खोलकर कहें तो कहना होगा कि झारखंड में अखबार में जो घोटाला चल रहा है। उसके पीछे बौद्धिक शातिराना खेल वर्षों से चल रहा है, यही वजह है कि झारखंड के आप किसी भी हिस्से में चले जाइए और अखबार के किसी आम पाठक से यह पूछिए कि फलाँ अखबार किस दल का है तो आपको जवाब मिल जाएगा। पाठक हर वक्त ऐसे अखबार की तलाश में रहता है, जो बिना किसी का पक्ष लिए निष्पक्षता के साथ सूचनाएँ देता है। इस तरह अखबार में पक्षपात का घोटाला लंबे

समय से चला आ रहा है। यह कहने में कोई परहेज नहीं है कि झारखंड की पत्रकारिता सत्ता और कारपोरेट घरानों के हितों में कार्य करती है। एक तथ्य यह भी है कि अखबार में परोसी जा रही घोटाले की खबरें देखकर पाठक उस अखबार का कनेक्शन तलाशने में लग जाता है। झारखंड में एक भी अखबार ऐसा नहीं है, जिसके संपादक डंके की चोट पर कह सकें कि मैंने सबसे पहले फलाँ घोटाले की खबरें प्रकाशित कीं ऐसा न तो कोई कहनेवाला है और न ऐसा लिखनेवालों के लिए कोई स्पेस बचा हुआ है। घोटालों की बाढ़ में अखबार और उसके मालिक डूब-उतरा रहे हैं। इस सच से शायद ही कोई इनकार करें कि इस तरह अखबार में घोटाले की खबरें एक रूटीन की तरह हैं। इसलिए कोई प्रतिक्रिया नहीं होती, घोटाला भी चलता है और अखबार भी निकलता है।

□

न्यूज चैनलों का सफर

झारखंड का 'नक्षत्र' न्यूज चैनल। बात हाल के दिनों की है। 'दैनिक जागरण' में आठ साल नौकरी करने के बाद मुझे एक दिन इस्तीफा देने के लिए विवश कर दिया गया। जागरण के संपादकीय प्रभारी देवेंद्र राय ने जातीय उन्माद में एक साथ नौ साथियों को काम करने से रोक दिया। सबको इस्तीफा देना पड़ा। मैं नौकरी की तलाश में झारखंड गया। एक बड़े अखबार के संपादक ने मुझे तत्काल 'नक्षत्र' न्यूज चैनल वालों के पास भेजा। यहाँ दिल्ली जी न्यूज से एक हम उम्र संपादक ने ज्वाइन किया था। उन्होंने कहा कि जल्दी बायोडाटा दीजिए। पटना हेड बनाकर आपको भेज रहे हैं। नवोदित संपादक ने कहा—तीस हजार से अधिक हम नहीं दे पाएँगे। फिलहाल, आप पटना चले जाइए। मैं पटना आ गया। न कहीं दफ्तर, न कहीं ठिकाना। मैं कभी उस मित्र के यहाँ तो कभी किसी होटल में किसी के साथ रात गुजारता था। पैसे का घोर संकट, सो अलग। पत्नी, बच्चे रोज सवाल पूछते कि 'नक्षत्र' का क्या हुआ। दफ्तर खुला कि नहीं, कभी किसी पत्रिका के स्टॉल पर समय गुजरता तो कभी पुराने लोगों से मिलता। फिर एक दिन चैनल संपादक परिवेश वात्सायन का फोन आया। उन्होंने कहा कि आप तीन-चार कमरे का दफ्तर खोल लीजिए। फिर उन्होंने एक नंबर दिया; यह

कहते हुए कि फलाँ आदमी आस्था चैनल से आया है। वे आपके साथ रहेंगे। दोनों आदमी बढ़िया से काम करिए, हम लोग राँची से पटना परसों आ रहे हैं। अपने संपर्क से मैंने मुफ्त में एक दफ्तर ढूँढ़ा। आदेश ही ऐसा था कि पाँच हजार से अधिक भाड़ा नहीं होना चाहिए। मैंने तीस हजार का दफ्तर पाँच हजार में तलाश किया था। आस्था से आए नौजवान साथी ने दफ्तर देखा। पसंद आया। वे कहने लगे कि एग्रीमेंट होना जरूरी है। मकान मालिक ने कहा कि पूरा भाड़ा दीजिए, तभी एग्रीमेंट करूँगा। 'आस्था' चैनल से आए साथी ने एक दूसरा टास्क यह दिया कि कोई काम आज मुफ्त में कर सकते हैं। मैंने कहा तेल खर्चा कौन देगा, उनका जवाब था, तब मुफ्त क्या हुआ?

इस बीच 'नक्षत्र' के संपादक और वाइस प्रेसीडेंट पटना पहुँचे। 'आस्था' वाले साथी ने उनके लिए होटल बुक करवा लिया था। इधर-उधर की बातों में दिनभर समय गया। वे लोग राँची लौट गए। 'आस्था' वाले साथी दरभंगा। 'नक्षत्र' न्यूज बिहार में आज तक ऑन एयर नहीं हैं। चार महीने तक मैं 'नक्षत्र' के चक्कर में भटकता रहा। हार-थक मैं घर आ गया। चार महीने में मुझे एक पैसा नहीं मिला। अचानक एक दिन चैनल संपादक का फोन आया। संजयजी ऐसा कीजिए कि बीस लाख महीना खर्च करने वाली किसी पार्टी को ढूँढ़ लीजिए। सब कुछ आपके हाथ में। मैंने साफ कह दिया कि मुझसे यह सब नहीं होगा। मुझे केवल बीस हजार दे दीजिए। संपादक ने फोन काट दिया। रातभर मैं सपने में भी हँसता रहा। वाह रे, न्यूज चैनल।

खबरिया चैनलों के पतित होने की वजह की यह बानगी सब पर लागू होती है। बड़े न्यूज चैनल राडिया कांड को अंजाम देने में लगे हैं तो छोटे चैनल छोटी मछलियों को फाँसने में लगे रहते हैं। झारखंड में

जितने भी छोटे-बड़े चैनल हैं वे भयादोहन की कला में माहिर हैं, किसी का नाम लेना यहाँ ठीक नहीं हैं। झारखंड के अधिकांश चैनल हाथी के दाँत की तरह हैं। खाने के और दिखाने के और। यहाँ एक चैनल ऐसा है, जो मुख्य रूप से जमीन और मकान बेचने का धंधा करता है। यही कारण है कि इस प्रदेश में लोग चैनल की खबरों से अधिक अखबारों की खबरों पर यकीन करते हैं। कोई भी चैनल अपने रिपोर्टर को जिले के स्तर पर कोई वेतन नहीं देता है, बल्कि छोटे-छोटे विज्ञापन के रूप में उल्टे लेता है। चैनल के जिला स्तरीय संवाददाताओं ने भी अघोषित रूप से जुगाड़ टेक्नोलॉजी विकसित की है। वे सीधे तौर पर खबर दिखाने के नाम पर पाँच सौ से हजार रुपए वसूल करते हैं। जिनकी खबर होती है, वे भी निश्ंचित हो जाते हैं कि चलो, पैसा दे दिया तो खबर चैनल पर चलेगी ही। कहने का तात्पर्य यह है कि झारखंड में चैनल 'गिव ऐंड टेक' की थ्योरी पर चल रहा है। इसे देशभक्ति अंदाज में कहें तो कहना होगा कि तुम मुझे पैसा दो, मैं आपका फोटो दिखाऊँगा। सच बात तो यह है कि झारखंड में जितने भी चैनल चल रहे हैं, उनका कोई ईमान-धर्म नहीं है। इन्हें आप खबरवाले भिखारी भी कह सकते हैं।

दरअसल, झारखंड और दिल्ली से दिखाया जा रहे बिहार-झारखंड का जो चैनल है, वह विशुद्ध रूप से भयादोहन का औजार बना हुआ है। प्रदेश में कई ऐसे नेता हैं, जो अपनी मार्केटिंग चैनलों के जरिए करवाते रहते हैं, लेकिन जो घाघ नेता हैं, वे अखबारों में छपी खबरों को ही विश्वसनीय मानते हैं। इस बारे में मौर्य चैनल के वरिष्ठ संपादक अमिताभ का कहना है कि न्यूज चैनलों के पास विजन का घोर अभाव है। उनके पास कोई नया नजरिया नहीं हैं। सब एक-दूसरे के फोटोकॉपी हैं। गहराई से कोई भी चैनल किसी खबर को नहीं पकड़ता है। यह काफी हद तक

सही है कि खबरें उड़ते हुए पंछी की तरह आती हैं और फिर गायब हो जाती हैं। उन्होंने कहा कि न्यूज चैनलों के पास करने के लिए काफी कुछ है, लेकिन कोई करना ही नहीं चाह रहा है। सच बात तो यह है कि देश स्तर पर जिस तरह नीरा राडिया, बरखा दत्त, प्रभु चावला, वीर संघवी, राजदीप सरदेसाई जैसे लोग कॉरपोरेट घराने की दलाली करने के मामले में सामने आए, ठीक उसी तरह झारखंड में चैनलों के पत्रकार बड़े और छोटे स्तर पर वैसा ही करने में लगे हैं। सरकारी दूरदर्शन हो या प्राइवेट कोई चैनल; खबरें उनके लिए एक उत्पाद की तरह हैं। खबर को पैसे में कैसे बदला जाए, चैनलों का मुख्य मकसद वही हैं, भारतीय दूरदर्शन के संबंध में एक साक्षात्कार के दौरान प्रख्यात कथाकार व संपादक स्व. कमलेश्वर ने कहा था कि इस देश में पैदा हुए नवधनिकों ने दूरदर्शन को अपने मनोरंजन और मुनाफे का माध्यम बना लिया है। जैसे फाइव स्टार होटलों का जूठा और बचा हुआ खाना भिखमंगों और भूखों में बँटता है, उसी तरह शहरी नवकुलीन वर्ग की जूठन आज देश के गाँवों में 175 लो पावर ट्रांसमीटरों के जरिए परोसी जा रही है। इस बात से इंकार नहीं किया जा सकता है कि न्यूज चैनल एक-दूसरे की जूठन चाटने में लगे हैं। न्यूज चैनल के प्रति झारखंड के दर्शकों में कोई खास उत्सुकता नहीं है। नेताओं और उनके कार्यक्रमों का महिमा मंडन करने के लिए न्यूज चैनलों को इस्तेमाल किया जाता है।

झारखंड में खबरिया चैनलों का बेहद बुरा हाल है। इसमें खबरें वही परोसी जाती हैं जिससे लाभ और धन सीधे तौर पर जुड़ा रहता है।

इतना ही नहीं; झारखंड में मीडिया के संकेंद्रण का सबसे बड़ा खतरा चयनित खबरों पर फोकस और खास खबरों की अनदेखी के रूप में सामने आता है। मसलन, लगभग सभी बड़े अखबारों और टीवी

समाचार चैनलों ने कृषि, जनसंघर्ष व जनजातीय क्षेत्रों से जुड़ी खबरों का अघोषित रूप से बायकाट कर दिया है। आदिवासियों की समस्याएँ, दलित उत्पीड़न की खबरों को प्राथमिकता, नवउदारवादी आर्थिक नीतियों की पक्षधरता से लेकर जमीन अधिग्रहण व मुस्लिमों की समस्याओं की कवरेज जैसे कितने मामले हैं, जो चैनल से गायब हैं। यहाँ तो वही दिखाया जाता है, जो बिकता है। खबरिया चैनल पर समाचारों के प्रस्तुतीकरण और चयन में सृजनात्मक की बात करना बेमानी हो चुका है। झारखंड में मीडिया मोनोपोली का खतरनाक खेल चरम पर है। मीडिया कंपनियों के मालिक पत्रकारिता का लबादा ओढ़कर जमीन, सीमेंट, चीनी और बिजली जैसे धंधों में उतरने लगे हैं।

इस तरह के धंधेबाजों का एक संगठित नेटवर्क खबरिया चैनल चलाने के लिए बेताब है। इनके लिए किसी नियम-कानून का कोई मतलब नहीं निकलता है।

□

मीडिया का बाजारीकरण

लोकतंत्र के स्वघोषित चौथे खंभे का बाजारीकरण अभी चरम पर है। समाचार पंजीयक (RNI) की हालिया रपट के मुताबिक देश में 22 भाषाओं में 60,000 से ज्यादा अखबार व पत्रिकाएँ प्रकाशित हो रही हैं। इनमें से 6,800 दैनिक समाचारपत्र हैं। इससे जाहिर होता है कि देश का समाचारपत्र उद्योग व्यापक विविधता लिए हुए है, लेकिन चौंकानेवाला तथ्य यह है कि देश के 15 बड़े समाचारपत्र समूह सर्कुलेशन के 55 प्रतिशत और राजस्व के 78 प्रतिशत हिस्से पर कुंडली मारकर बैठे हैं। इलेक्ट्रॉनिक मीडिया में भी 8 बड़ी मीडिया कंपनियों ने 65 प्रतिशत दर्शक वर्ग और 75 प्रतिशत राजस्व हथिया लिया है। स्थिति बेहद खतरनाक है, कहने का मतलब चाहे इलेक्ट्रॉनिक हो या प्रिंट, देश के किसी भी मार्केट में दो मीडिया कंपनियों का पाठक संख्या, दर्शक संख्या और विज्ञापन बाजार के बड़े हिस्से पर कब्जा है।

जिसके कारण भारतीय मीडिया में मोनोपोली की स्थिति बन गई है। कहने को हर शहर में सैकड़ों समाचारपत्र हैं, लेकिन पाठकों के बड़े हिस्से पर दो और चंद जगहों पर तीन मीडिया कंपनियों का नियंत्रण होता है, वही मीडिया कंपनियाँ कई बार टीवी चैनल और एफएम रेडियो भी चलाती हैं। दर्शकों के पास देखने को सैकड़ों चैनल और

पाठकों को पढ़ने को सैकड़ों अखबार हो सकते हैं, लेकिन मीडिया मार्केट में असली खिलाड़ी दो-चार ही हैं। वहीं खिलाड़ी शासक वर्गों के समझौते की मेज पर खींचकर अपने धंधे का विस्तार करने में लगे रहते हैं। मीडिया संकेंद्रण का सबसे अधिक खामियाजा पत्रकारों को ही झेलना पड़ता है, क्योंकि विकल्पहीनता के अभाव में उनकी भी हालत खराब रहती हैं। जब एक ही बाजार में ज्यादा अखबार-चैनल होते हैं तो पत्रकारों को भी बेहतर वेतन और माहौल मिलता है। वैसे भी विविधता और बहुलता किसी भी देश के जनसंचार माध्यमों के लिए वरदान माने जाते हैं। यह स्वस्थ और गंभीर पत्रकारिता के लिए प्रतिबद्ध लोगों को अवसर उपलब्ध कराते हैं और पाठकों को अपनी रुचि का मीडिया उत्पाद चुनने की आजादी देते हैं। यह सच है कि भारतीय मीडिया की पहुँच व दायरे में विस्तार हो रहा है, लेकिन वह प्रसार केवल चुनिंदा मीडिया समूहों का ही हो रहा है। जनता की आवाज माना जाने वाला मीडिया का मंच अब तेजी से बड़ी पूंजी का औजार बना हुआ है।

भारतीय मीडिया और एंटरटेनमेंट उद्योग के बाजार में वर्ष 2011 में लगभग 10 अरब रुपए का इजाफा हुआ है। पिछले वर्ष यह 578 अरब रुपए का था, जो अब बढ़कर 587 अरब रुपए का हो गया है। ऐसा फिक्की के.पी.एम. जी की रिपोर्ट में कहा गया है। इसी तरह वर्ष 2006-2009 तक भारतीय मीडिया बाजार में लगभग 10 प्रतिशत की वार्षिक वृद्धि देखने को मिली। 2010 से 2014 के बीच इस कारोबार की विकास दर 12 प्रतिशत होने का अनुमान है। केयर रिसर्च का अनुमान है कि वर्ष 2014 तक अधिक उपभोक्ता खर्च, टारगेट ऑडिएंस, माध्यमों और भौगोलिक विस्तार से मीडिया और एंटरटेनमेंट का बाजार 1,052 अरब रुपए तक बढ़ जाएगा। जानकारी के मुताबिक भारतीय प्रिंट मीडिया का कारोबार वर्ष 2009 में 175 अरब रुपए का था, जिसमें

2008 के मुकाबले 1.75 प्रतिशत की बढ़त दर्ज हुई। 2006 में यह कारोबार 139 अरब रुपए का था, जबकि फिक्की के.पी.एम. जी का अनुमान है कि 2014 तक प्रिंट मीडिया का कारोबार बढ़कर 260 अरब रुपए का हो जाएगा। भारतीय प्रिंट मीडिया में पिछले चार साल से औसत सालाना वृद्धि दर 8 प्रतिशत रही है।

मार्के की बात यह है कि मीडिया उपभोक्ता के नाते आपकी हर दिन बोली लगती है। आपको मीडिया बाजार में खरीदा और बेचा जाता है। बेचनेवाले होते हैं मीडिया समूह और आपको खरीदते हैं विज्ञापनदाता। दरअसल, देश में खबरों का बाजार लगा हुआ हैं। इस बाजार के कई शातिर खिलाड़ी हैं। ईमानदारी जैसी लगने वाली बेईमानी से यहाँ कारोबार होता है। खबरों के इस बंपर सेल वाले बाजार में खबरें बेची और खरीदी जाती हैं। कहने को तो इस बाजार के अपने कायदे-कानून हैं या फिर कोई कायदा-कानून नहीं हैं, यहाँ तो अंतिम सत्य पैसा और मुनाफा है, जिससे बाजार चलता है। मीडिया के बाजारीकरण के बारे में वरिष्ठ पत्रकार पुष्कर पुष्प का कहना है कि खबरों के बढ़ते कारोबार ने एक अलग तरह की दुनिया विकसित कर ली हैं, जिसे अखबारों का अंडरवर्ल्ड भी कहा जाने लगा है। इस अंडरवर्ल्ड के अपने भाई हैं। ये खबरों की सुपारी लेते हैं। खबरों का कत्ल करते हैं या फिर खबरों को जिंदा रखते हैं। खबरों के लिए हफ्ता वसूल करते हैं। उसी हिसाब से किसी खबर का आना या उसका जिंदा रहना या मरना निर्भर करता हैं।

मीडिया अपने बाजार के विस्तार के लिए हर तरह के हथकंडे अपनाने से पीछे नहीं हटता है। इसके लिए हर वह अनैतिक कार्य किया जाता है, जो नियम कानून का अतिक्रमण तो करता ही है, साथ ही सामाजिक सरोकारों का भी सत्यनाश करता है। अखबारों का संस्करण

हमला इसी बाजार का परिणाम है। विशेषज्ञों और राजनेताओं का कहना है कि यह सूचनाओं के विस्फोट का समय है, मीडिया युवा है, सबकुछ खबर है। कोई बात अब छिप नहीं सकती है। अब हर बात सामने आ जाती है। मीडिया बहुत ताकतवर है। ऐसे प्रलापों में कोई दम नहीं है। ऊपर से देखने में लगता तो ऐसा है, लेकिन सच्चाई वह नहीं है, जो मीडिया के बारे में बताया जा रहा है। सच तो यह है कि पाँच-सात जिलों को मिलाकर एक संस्करण निकाला जा रहा है, जैसे राँची से निकलने वाले चार प्रमुख अखबारों के जमशेदपुर और धनबाद संस्करण निकल रहे हैं।

स्थानीय स्तर पर अखबार में खबरों की अधिकता बढ़ा दी जाती है। नाला जाम होने से लेकर खुले में शौच करने की समस्या को खबर के रूप में बेचा जाता है। खरीददार पाठक को भ्रम जैसा लगता है कि यह अखबार तो हमारी समस्या से जुड़ा हुआ है। खबरों के स्थानीयकरण के नाम पर पाठकों को सीधे एक साजिश के तहत खबरों से काटा जाता है। धनबाद और जमशेदपुर संस्करण में राँची की खबरें या आसपास की खबरें नहीं दी जाती हैं। हैरत की बात यह है कि बाजार पर अपनी पकड़ मजबूत करने के लिए 'दैनिक जागरण' और 'हिंदुस्तान' अखबार पर मुकदमे इस बात के चल रहे हैं कि बिना निबंधन के संस्करण कैसे निकाले गए। इसके कारण विज्ञापन का भी एक बड़ा घोटाला सामने आया। इस पर आज तक कोई काररवाई नहीं हुई। अखबार मालिक के पास प्राइवेट और सरकारी बाजार पर कब्जा जमाने की होड़ लगी रहती है, जिसके कारण 'चापलूसी' चरम पर की जाती है। दरअसल, लोक कल्याण राज्य की जो अवधारणाएँ हैं, उन पर लीपापोती करने का कार्य अखबार ही करता है। झारखंड की सरकार अखबारों के विज्ञापन में

अधिक विकासमान दिखाई देती है। जाहिर है कि इसके बदले अखबारों को विज्ञापन ज्यदा मिला है।

पत्रकारिता बाजार के चौराहे पर खड़ी है। शब्दों के सौदागर मुनाफा कमाने के लिए किसी भी हद तक जा सकते हैं। इनके लिए नैतिकता नाम की कोई चीज नहीं है। अखबार और आम आदमी इनके लिए एक मुखौटे की तरह हैं। इस मुखौटे के पीछे अखबार मालिकों का भयावह चेहरा है, इसलिए आप पत्रकारिता से किसी बेहतरी की उम्मीद नहीं कर सकते हैं। मुनाफे और धंधे के विस्तार के लिए पत्रकारिता किसी का भी गला रेत सकती है।

□

यहाँ शगुन प्रथा नहीं

☒ झारखंड में पत्रकारिता के विकास को आप किस रूप में देखते हैं?

➔ पत्रकारिता का विकास कई स्तरों पर हो रहा है, इसे किसी खास तरह से परिभाषित करना थोड़ा मुश्किल होगा। झारखंड में पत्रकारिता करना पहले एक चुनौतीपूर्ण कार्य माना जाता था, सबसे पहले 'राँची एक्सप्रेस' ने इस चुनौती को स्वीकार किया। आज इस अखबार को पूरे पचास साल हो गए। हमने झारखंड की पत्रकारिता को एक नई दिशा दी है। एक सामाजिक पहचान कायम की है। 'राँची एक्सप्रेस' हमेशा से अपनी शर्तों पर पत्रकारिता की है। सरकार चाहे जिसकी हो, हमने कभी किसी से समझौता नहीं किया, लेकिन आज अखबार के सरोकार और मूल्य बदल गए हैं। इस विकास के फायदे और नुकसान भी हैं, पाठकों के समक्ष एक भ्रम की स्थिति बनी हुई है। वैसे, समय के साथ जो हो रहा है, आज नहीं तो कल सामने आएगा ही। कई अखबारों के लिए पत्रकारिता मुनाफे और समझौते का एक धंधा बनी हुई है। ऐसी स्थिति देखकर पीड़ा होती है।

☒ यहाँ पत्रकारिता में दलितों और आदिवासियों की भागीदारी क्यों नहीं है, इसका मूल कारण क्या है?

➔ दलित या आदिवासी पत्रकारिता करना ही नहीं चाहते। यह पेशा उनकी नजर में कैरियर के लिहाज से 'रिस्की' है। रिस्की लेना नहीं चाहते, संघर्ष करना नहीं चाहते, उन्हें सरकारी नौकरी पसंद है। आरक्षण का पूरा लाभ वे उठाते हैं, घोड़े को प्यास लगी हो तो आप उसे पकड़कर नदी के किनारे तक ले तो जा सकते हैं, लेकिन पानी तो उसे ही पीना होगा। यहाँ जितने आदिवासी हैं, वे ईसाई बन गए हैं। पत्रकारिता उनके लिए सेफ गेम नहीं है, ईसाइयों का एक कार्यक्रम था, मैं वहाँ अतिथि बनकर गया था, वहाँ ईसाइयों के बिशप भी थे और भी कई बड़े धार्मिक नेता थे। मैंने मंच से घोषणा कर दी कि जिन्हें पत्रकारिता की नौकरी चाहिए, वे कार्यक्रम के बाद मुझसे मिलें, मैं अंदर ही अंदर सोच रहा था कि कार्यक्रम के बाद नौकरी के लिए लड़के मुझे घेर लेंगे, लेकिन ऐसा कुछ नहीं हुआ। एक व्यक्ति भी सामने नहीं आया दरअसल दलित, आदिवासी सुविधापूर्ण एक अदद सरकारी नौकरी की तलाश में रहते हैं। पत्रकारिता उनके रोजगार की सूची में शामिल नहीं है। आदिवासी छात्र पत्रकारिता का कोर्स करके किसी नेता या मंत्री का पीए बनना पसंद करते हैं, लेकिन पत्रकारिता की नौकरी नहीं करना चाहते हैं। सुना है दिल्ली में अनिल चमड़िया, योगेंद्र यादव जैसे वरिष्ठ पत्रकारों ने इस विषय पर कोई शोध भी किया है। राजेंद्र यादव जैसे साहित्यकार इस तरह के सवाल उठाते रहे हैं। मेरा मानना है कि ये ऐसे लोग हैं, जिन्हें सच से कोई लेना-देना नहीं है, शोध करने के नाम पर मोटी रकम लेकर ऐसे तत्त्व कुतर्कों

का सहारा लेते हैं, पत्रकारिता में जो जातिवाद तलाशते हैं, वे ही ऐसे सवाल उठाते रहते हैं, ऐसे लोग अपने आपसे धोखा कर रहे हैं। सच का सामना करना इनके बस की बात नहीं।

⊠ क्या आप मानते हैं कि झारखंड में पत्रकारिता का चेहरा जन विरोधी है?

➔ नहीं, मेरे लिए जनविरोधी कहना ठीक नहीं हैं, हाँ, आप ऐसा कह सकते हैं कि आम जनता के हितों का संरक्षण नहीं किया जा रहा है। आज भी न्यायपालिका और मीडिया पर जनता का भरोसा बना हुआ है। देखने की बात यह है कि इस भरोसे को कोई अखबार कैसे कायम रखता है। अन्य जगहों की अपेक्षा झारखंड की पत्रकारिता बहुत हद तक अच्छी है, यहाँ शगुन की प्रथा नहीं है। मध्य प्रदेश में तो शगुन के नाम पर पत्रकारों को रुपयों का लिफाफा दिया जाता है। आपको याद होगा कि एक दफा एल.के. आडवाणी की प्रेस क्रॉन्फ्रेंस में नोट बाँटे जाने की खबर सामने आई थी। दरअसल, पत्रकारों की डिमांड ज्यादा थी। कम होने के कारण बातें सामने आईं। झारखंड में ऐसा नहीं होता है। वहाँ अखबार के संपादक अपने संस्थान को सीधे तौर पर फायदा पहुँचाने में लगे रहते हैं।

⊠ तो झारखंड की पत्रकारिता आखिर किसके लिए की जा रही है। क्या इसमें व्यापक समुदाय का हित है।

➔ देखिए, अखबार समस्याएँ तो हाईलाइट करता ही है। बिजली की समस्या हो या सड़क जाम होने का सवाल, कर्मचारियों की खबर

हो या व्यापारियों की, अखबार इसे उठाता तो है। आम आदमी को खबरों पर भरोसा होता है, इससे व्यापक समुदाय का हित तो होता ही है, इन पाठकों को ध्यान में रखकर पत्रकारिता तो हो ही रही है। यह अलग बात कि व्यापक समुदाय का खास सरोकार समाहित नहीं हो पाता है।

⌧ **क्या आप मानते हैं कि झारखंड में सत्ता के साथ मीडिया का अघोषित गठबंधन है?**

➔ ऐसा कहना ठीक नहीं है, लेकिन विज्ञापन के लिए अखबार सरकार पर निर्भर जरूर रहता है, अधिकांश राजस्व वहीं से मिलता है, स्वाभाविक है कि सरकार के साथ अखबार के मालिक रिश्ता कायम रखने में भरोसा करते हैं। लेकिन हर अखबार के साथ यह बात लागू नहीं होती है। 'राँची एक्सप्रेस' को भाजपा समर्थित अखबार माना जाता है। मुख्यमंत्री अर्जुन मुंडा ने इस अखबार का विज्ञापन ही बंद करवा दिया। मुझे प्रेस काउंसिल ऑफ इंडिया में शिकायत करनी पड़ी, तब जाकर विज्ञापन शुरू हुआ। कुछ अखबार तो अपनी रणनीति के तहत गुणगान करने में ही लगे रहते हैं। पाठक ऐसे अखबार को अच्छी तरह पहचानती भी हैं। इन दिनों सरकार के खिलाफ कोई अखबार नहीं हैं, सब अपने धंधे में लगे हैं।

⌧ **झारखंड में हो रहे राजनीतिक घोटालों के बारे में आप क्या सोचते हैं। मीडिया की इसमें क्या भूमिका है?**

➔ समय-समय पर अखबार इन घोटालों को उजागर करती रही है,

यह अलग बात है कि कानूनी रूप से मामला दर्ज होने के बाद ही इस तरह के घोटाले सामने आते हैं, आपको मालूम होगा कि राज्यसभा के चुनाव में पैसे के लेनदेन को लेकर काफी हंगामा हुआ था। किसी ने इस पूरे मामले का स्टिंगऑपरेशन किया था। मेरे पास वह व्यक्ति सीडी लेकर आया, मैंने पूर्व मंत्री मधु सिंह जिनका अभी निधन हो गया, उनके खिलाफ मामला प्रकाशित किया। मुझे धमकी दी गई, मुझ पर केस किया गया और किसी अखबार ने एक लाइन भी नहीं छापी, जबकि सीडी सभी अखबारों के पास पहुँची थी। किसी ने क्यों नहीं छापा, मुझे नहीं मालूम। कई ऐसे अखबार के संपादक हैं, जो घोटाले की खबरों को आधार बनाकर डील करने में लगे रहते हैं, सतही तौर पर घोटाले की खबरें अखबार के लिए एक मसाला बन जाता है।

संपादक

राँची एक्सप्रेस, राँची

□

ग्रामीण पत्रकारिता का है भविष्य

–ओम गौड़

बिहार और झारखंड में पत्रकारिता को एक नया आयाम देने में दैनिक भास्कर के स्टेट हेड संपादक ओम गौड़ की एक अलग पहचान और प्रतिबद्धता है। बिहार और झारखंड में, जहाँ अन्य संस्थानों की पत्रकारिता खत्म हो जाती है, 'दैनिक भास्कर' की पत्रकारिता को ओम गौड़ नए तेवर के साथ वहीं से शुरू करते हैं। विगत पाँच साल में झारखंड की पत्रकारिता को ओम गौड़ ने एक नई ऊँचाई देने की कोशिश की है। इस कोशिश को पाठकों ने भी गंभीरता से लिया है। 'नो निगेटिव न्यूज' के झंझावात से पत्रकारिता को निकालकर पॉजिटिव न्यूज के स्लोगन से जोड़ने में ओम गौड़ की भूमिका जिक्रेखास है। प्रस्तुत है बिहार और झारखंड 'दैनिक भास्कर' के स्टेटहेड संपादक ओम गौड़ से बातचीत का संक्षिप्त अंश—

⮽ इस दौर में बिहार और झारखंड की पत्रकारिता का रास्ता आप किधर मानते हैं? क्या कुछ फर्क पाते हैं?

➔ बिहार और झारखंड के पाठकों का मूड अलग है। बिहार में पेज पढ़ने की संख्या ज्यादा है, इसका मूल कारण यह है कि वहाँ पाठकों

के पास पर्याप्त समय है। सच पूछिए तो समय की कमी नहीं है। सच तो यह है कि बिहार के अखबारों में खबरें कम हैं या ज्यादा, यह महत्त्वपूर्ण नहीं है। बिहार में सबसे अधिक राजनीतिक खबरों का महत्त्व है। व्यवस्था विरोधी खबरों को पढ़नेवाले पाठकों की संख्या सबसे अधिक है, साथ ही राजनीतिक खबरों से सरोकार रखनेवाले पाठकों का एक बड़ा तबका है। इस लिहाज से पूरे देश में राजनीतिक खबरों की खपत सबसे अधिक बिहार में ही होती है। बिहार में जनपक्षीय-पत्रकारिता की शानदार विरासत रही है। बिहार की पत्रकारिता बदलाव का भी संवाहक बनी है। पत्रकारिता का उपयोग राजनीतिक तौर पर होता रहा है। एक सच यह भी है कि बिहार की पत्रकारिता कई स्तरों पर जनता के सवालों पर प्रतिक्रिया करती रही है, लेकिन आज के दौर में बिहार की पत्रकारिता की धार पूरी तरह कुंद हो गई है। विगत एक दशक से सरकार के खिलाफ कोई आक्रामक खबरें नहीं लिखी गई हैं। अब कोई भी पत्रकार या अखबार सरकार के खिलाफ लिखने या बोलने का साहस तक नहीं जुटा पाता है। इसके ठोस कारण भी हैं। सरकार अखबारों का विज्ञापन बंद कर देती है। इन दिनों सरकार ही अखबार पर हावी है। यह संक्रमण का दौर है। यह एक किस्म की सामाजिक जड़ता है। इस जड़ता को तोड़ने की आवश्यकता है। पत्रकारिता के नजरिए से बिहार और झारखंड के पाठकों का मिजाज अलग-अलग है। फिर भी जो कुछ बदलाव भी हो रहे हैं, वे सकारात्मक हैं। बदलाव के आशावादी नजरिए से पत्रकारिता को देखने-समझने की आवश्यकता है।

⊠ बिहार और झारखंड में दैनिक भास्कर ने पॉजिटिव न्यूज का नारा दिया है। इस अवधारणा को आप कैसे परिभाषित करेंगे?

➔ देश का इकलौता अखबार दैनिक भास्कर है, जिसने पॉजिटिव न्यूज की जमीन तलाश करके पाठकों के सामने एक नया आयाम प्रस्तुत किया है, जिसकी सराहना देशभर में हो रही है। सवाल उठता है कि कोई भी पाठक सिर्फ निगेटिव न्यूज ही क्यों पढ़े? अपराध, सेक्स, हत्या और सनसनीखेज खबरों के फ्रेम से जिंदगी की जो खूबसूरती है, जो अच्छाई है, उसे भी व्यापकता के साथ सामने लाने की जिम्मेदारी पत्रकारिता की है। हम ऐसे दौर में जी रहे हैं, जहाँ चारों तरफ निगेटिव विचारों का बोलबाला है। क्या महज निगेटिव न्यूज ही जीवन की सच्चाई है? इस धारणा को खंडित किए जाने की आवश्यकता है। यही कारण है कि 'दैनिक भास्कर' ने सप्ताह में एक दिन पॉजिटिव न्यूज परोसने का फैसला लिया है। पाठकों से जो फीडबैक मिल रहा है, वह बेहद उत्साहवर्धक है। बिहार और झारखंड के पाठक निगेटिव न्यूज के फ्रेम से निकलकर पॉजिटिव खबरों से प्रेरणा ले रहे हैं, यह एक क्रांतिकारी बदलाव है। आप कह सकते हैं कि 'दैनिक भास्कर' की यह पहल एक किस्म का सामाजिक अभियान है। पाठकों को भी पॉजिटिव न्यूज से संतुष्टि मिल रही है।

⊠ बिहार और झारखंड में ग्रामीण पत्रकारिता का भविष्य क्या है? क्या आप मानते हैं कि ग्रामीण क्षेत्र में पत्रकारिता के प्रति प्यास तेज हुई है?

➔ भविष्य तो ग्रामीण पत्रकारिता का ही है। देश के गाँवों में अखबार पढ़ने के प्रति जागरूकता में उछाल आया है। ग्लोबलाइजेशन के

बाद से ही ग्रामीण क्षेत्र एक बड़ा बाजार है। रूरल मार्केटिंग का नेटवर्ग तेजी से विस्तार ले रहा है। शहरी क्षेत्र में मोबाइल, इंटरनेट का उपयोग तेजी से विस्तार ले चुका है। शहरी पाठक अखबार को पढ़ते कम, देखते अधिक हैं। उनके पास खबरें जानने के अन्य कई साधन हैं। ग्रामीण पत्रकारिता ही तो भारतीय मूल्यों की पत्रकारिता है। अखबार अब गाँवों तक पहुँच रहे हैं। मेरा तो साफ मानना है कि पत्रकारिता का व्यापक फलक गाँवों से ही जुड़ा हुआ है। इलेक्ट्रॉनिक मीडिया अपनी ही स्पर्धा में उलझ गया है। यही कारण है कि भरोसे का एक मात्र मंच अखबार ही बचा हुआ है। ग्रामीण पत्रकारिता ही समय की माँग है। हर अखबार इस ओर तेजी से बढ़ रहा है।

⊠ सत्तापक्ष मीडिया को नियंत्रित किस तरह कर रहा है। क्या मीडिया के सामने सरकार की तरफ से चुनौतियाँ भी हैं?

➔ सरकार की तरफ से मीडिया के सामने कई तरह की चुनौतियाँ कायम हैं। जब सत्तापक्ष विपक्ष में रहता है तो मीडिया पर उसका भरोसा अधिक कायम रहता है। जैसे ही विपक्ष सत्ता में आता है तो मीडिया उसके लिए परेशानी का सबब बन जाता है। यह विरोधाभास राजनेताओं का है। सत्ता मिलते ही मीडिया को अपने दोस्त से दुश्मन मानने लग जाते हैं। शासक वर्ग झूठे प्रचार के जरिए अपने को जनहित का पैरोकार मानने लग जाता है। लोकतंत्र के लिए यह खतरनाक प्रवृत्ति है। मीडिया अपने पाठकों के प्रति कल भी जवाबदेह था और आज भी है।

[श्री ओम गौड़, दैनिक भास्कर के स्टेट हेड हैं।]

□

पैकेजिंग की पत्रकारिता– हरिनारायण सिंह

☒ झारखंड में पत्रकारिता के विकास को आप किस रूप में देखते हैं?

➔ सच मायने में झारखंड की पत्रकारिता कॉरपोरेट चंगुल में बुरी तरह फँसी हुई है। यह शिकंजा लगातार और लगातार कसता ही जा रहा है, इसके कारण अखबार की स्वतंत्रता पूरी तरह प्रभावित है। न सिर्फ झारखंड, बल्कि पूरे देश स्तर पर यह हाल है। अखबार जो कभी मिशन हुआ करता था, अब कमीशन बन गया है। दरअसल इन अखबारों के लिए पाठक अब एक उपभोग की तरह हैं, कॉरपोरेट भाषा में अखबार एक प्रोडक्ट बन गया है, एक ऐसा प्रोडक्ट, जिसे बेचने के लिए कई तरह के हथकंडे अपनाए जा रहे हैं। अखबार से आम आदमी पूरी तरह गायब है, संघर्ष की पत्रकारिता की धार कुंद हो गई है, अखबार मालिक मुनाफे के लिए कुछ भी करने को तैयार है, पत्रकारिता का यह बेहद खतरनाक दौर है, पहले जो शब्द गढ़े जाते थे, अब वो गायब हो गए हैं, अखबारों में शब्द अपनी अर्थवत्ता खो चुके हैं, अब खबर का

तरीका बदल गया है। मान लीजिए, किसी फैक्टरी में पाँच हजार मजदूर काम करते हैं, वह फैक्टरी बंद हो जाती है तो खबर यह नहीं बनती कि पाँच हजार मजदूर किस हाल में हैं, बल्कि खबर यह बनती है कि उस फैक्टरी को इतने हजार करोड़ का नुकसान हुआ। कामगार और मजदूरों का सरोकार पत्रकारिता से गायब हो गया है। नजरिया एकदम बदल गया है।

☒ पत्रकारिता में दलितों और आदिवासियों की भागीदारी क्यों नहीं है?

➔ झारखंड के दलित और आदिवासी पत्रकारिता में आना ही नहीं चाहते हैं, उन्हें इस पेशे में अपना भविष्य नहीं दिखता है। सरकारी नौकरी उनकी प्राथमिकता है। साथ ही वे पत्रकारिता के ढाँचे में फिट नहीं बैठते हैं, वे अलगाव का शिकार हो जाते हैं। बात 1990 की है। एक बड़े अखबार समूह ने वेकेंसी निकाली, उस बोर्ड में मैं भी था। चार–पाँच आदिवासी पत्रकारों ने इंटरव्यू भी दिया। सबों की बहाली भी हुई, लेकिन थोड़े ही दिन बाद वे लोग नौकरी छोड़कर चले गए, उन्हें बेहतर मौका मिलता भी है तो वे पत्रकारिता करना नहीं चाहते हैं, वे सुरक्षित नौकरी की तलाश में रहते हैं। असुरक्षाबोध उन्हें इस पेशे में आने नहीं देता है। दिल्ली में बैठे लोग भले ही इस विषय पर अपना शोध तैयार करें, लेकिन उन्हें सच से कोई वास्ता नहीं है, सच्चाई तो यही है कि दलितों और आदिवासियों की दिलचस्पी पत्रकारिता में नहीं है और जब दिलचस्पी ही नहीं है तो जबरिया पत्रकारिता तो कराई नहीं जा सकती है।

☒ क्या आप मानते हैं कि झारखंड में पत्रकारिता का चेहरा जनविरोधी है?

➔ झारखंड ही क्यों, इन दिनों पूरे देश की पत्रकारिता का चेहरा जनविरोधी है। पाठकों को कंज्यूमर समझने की भूल की जा रही है, अखबारों के भले ही कई संस्करण निकल रहे हों, लेकिन खबरों से पाठकों को काटा जा रहा है। अखबार के बड़े संस्थान वही परोस रहे हैं, जो वे चाहते हैं। अधिकांश अखबारों के पन्ने दिल्ली से ही तैयार होकर आ रहे हैं, स्थानीय पाठकों का जिससे कोई सरोकार नहीं रहता है। जिले और गाँव के पाठक अपने सवाल और समस्याओं को पढ़ना चाहते हैं, आम आदमी अखबार के पन्नों से बिलकुल गायब है, अखबार के पाठकों को एक कंज्यूमर के तौर पर रिझाने के लिए उपहार बाँटे जाते हैं, खबरों का सामाजिक सरोकार सिरे से गायब है। बहुत संत्रास वाली स्थिति है, पत्रकारिता मीडिया कांड के दौर में है।

☒ आखिर झारखंड की पत्रकारिता किसके लिए की जा रही है, क्या इसमें व्यापक समुदाय का हित है?

➔ आजकल पत्रकारिता विशुद्ध रूप से व्यवसाय के लिए की जा रही है, बड़े पैमाने पर लाभ कमाने के लिए जनपक्षधरता को खारिज कर दिया गया है। आम आदमी के बुनियादी सवालों को अखबार के पन्नों पर हाशिये पर धकेल दिया गया है। संपादकों की एक पूरी टोली है, जो अखबार को पढ़ने के बजाय देखने की चीज बनाने में लगी हुई है, मालिकान के मुनाफे के लिए अनाप-शनाप कार्य को अंजाम दिया जा रहा है। इस हमाम में सभी नंगे

हो चुके हैं। दरअसल पत्रकारिता अब पाठकों के लिए नहीं, मालिकों के लिए की जा रही है। ऐसी बात नहीं कि सब ऐसे के ऐसे हैं। कुछ लोग अच्छे भी हैं, पत्रकारिता आज भी उनके लिए मिशन है। प्रबंधन को खुश करने के लिए जो पत्रकारिता कर रहे हैं, उनकी हालत भीतर से बेहद खराब है, दरअसल आजकल पैकेज की पत्रकारिता हो रही है, मकान, गाड़ी, सुविधा के लिए पैकेज के तौर पर मोटी रकम दी जा रही है। पैकेज लेने वाले संपादक और पत्रकार अपने प्रबंधन के लिए दलाली में लगे रहते हैं तो भला झारखंड में या देश में पत्रकारिता कहाँ से होगी, इसमें व्यापक समुदाय का हित कहाँ से होगा?

⊠ क्या आप मानते हैं कि झारखंड में सत्ता के साथ मीडिया का अघोषित रूप से गठबंधन है?

➔ इसमें मानना क्या है, वो तो है ही। चाहे वह कोल ब्लॉक आबंटन हो या बिजली परियोजना इस पर अब विवाद उठ रहे हैं। अभी उषा मार्टिन वालों ने विधानसभा में अपने विश्वविद्यालय का प्रस्ताव पास करवा लिया। कहाँ हो रही है पत्रकारिता। यह अघोषित गठबंधन नहीं तो और क्या है? चारों तरफ तमाशा चल रहा है, पत्रकारिता से सरोकार रखनेवाले लोग सबकुछ देख रहे हैं, समय आने पर लोग इसका जवाब देंगे। झारखंड में तो सत्ता के साथ गलबहियाँ कुछ ज्यादा ही हैं, अखबार ऐसे वीर संवादकों के लिए एक मुखौटे की तरह है, समय के साथ यह मुखौटा बदलता रहता है, पूरे देश का यही हाल है, झारखंड तो इसका एक उदाहरण भर है।

⊠ झारखंड में हो रहे राजनीतिक घोटालों के बारे में आप क्या सोचते हैं? मीडिया की इसमें क्या भूमिका है?

➔ देशभर में राजनीतिक घोटालों का दौर चल रहा है, कहीं दबा हुआ है तो कहीं सामने आ गया है, भ्रष्टाचार और घोटालों का संस्थाबद्ध विकास हो रहा है, हाल के दिनों में कई बड़े पत्रकारों के नाम भी सामने आए, झारखंड का भी यही हाल है। मीडिया की भूमिका को आप रहस्यमय कह सकते हैं। सरकार के भय से कोई अखबार कुछ लिखता ही नहीं, मीडिया पर सरकार हावी है।

संपादक

आजाद सिपाही, राँची

□

पत्रकारिता अब समाज का दर्पण नहीं

—रामेश्वर पांडे

भारतीय क्षेत्रीय पत्रकारिता को एक नई दिशा देनेवाले 'दैनिक जागरण' के संपादक रामेश्वर पांडे ने एक नई ऊँचाई कायम की है। उत्तर प्रदेश, पंजाब और बिहार में उन्होंने क्षेत्रीय पत्रकारिता को नई धार दी है। बिहार और झारखंड की पत्रकारिता पर उनसे घंटों बातचीत हुई। प्रस्तुत है, उनसे हुई बातचीत के संक्षिप्त अंश—

☒ बिहार और झारखंड की पत्रकारिता को आप किस रूप में देखते हैं? इसमें नया क्या है?

→ पत्रकारिता में समय के साथ बदलाव होते रहते हैं। बिहार और झारखंड की पत्रकारिता को अलग तरह से परिभाषित नहीं किया जा सकता है। बिहार की पत्रकारिता की मूल चेतना राजनीतिक है। झारखंड की पत्रकारिता सामाजिक धरातल पर चीजों को टटोलती है, समय के साथ दोनों राज्य में पत्रकारिता के अलग-अलग तेवर मौजूद हैं। बिहार में पत्रकारिता राजनीति के आगे चलती है। यही कारण है कि पत्रकारिता में बिहार के पत्रकारों का सबसे अधिक योगदान है। इस बात से कोई इंकार नहीं कर सकता है। बिहार के

बिना देश की पत्रकारिता की कल्पना करना मुनासिब नहीं लगता है, वहीं झारखंड की पत्रकारिता का जो तेवर है, उसमें बिहार के पत्रकारों का भी दखल है, लेकिन आज पत्रकारिता का जो चेहरा है, वह कई अर्थों में '80 के दशक से अलग है। पत्रकारिता एक खास पैटर्न पर हो रही है। संपादक जैसी संस्थाओं का लोप हो चुका है। लेखन के लिए अखबारों में पत्रकारों के लिए कोई स्पेस नहीं रह गया है। पत्रकारिता पर बाजारवाद का व्यापक असर है। आम आदमी अखबार के पन्नों से गायब है। आजकल यही पत्रकारिता का नया सौंदर्यबोध है।

⌧ जनपक्षीय पत्रकारिता हाशिये पर क्यों? इसका मुख्य कारण आप क्या मानते हैं?

➔ जनपक्षीय पत्रकारिता यदि हाशिये पर है तो उसके कई ठोस कारण हैं। इन कारणों को समझे बिना पत्रकारिता के बदलाव को जाना-समझा नहीं जा सकता है। '80 के दशक के बाद पत्रकारिता में तेजी से बदलाव आया। ग्लोबलाइजेशन का व्यापक असर पत्रकारिता पर पड़ा है। देश और समाज का बहुसंख्यक तबका पत्रकारिता की मुख्यधारा से बेदखल है। पत्रकारिता शासक वर्ग के प्रचारतंत्र में तब्दील हो गई है। जनपक्षधरता की बात ही बेमानी है। बहुसंख्यक किसान समुदाय मीडिया से वॉश-आउट है। किसानों के सवाल, मजदूरों के सवाल, कामगारों के सवाल; अब अखबारों के सवाल नहीं बन पाते हैं। इस बारे में लोग अपने-अपने तरीके से तर्क देते हैं। सच तो यह है कि पत्रकारिता जन से दूर होकर सत्ता के करीब है। ऐसे में जनपक्षधरता का तो कोई सवाल ही नहीं उठता है।

आज पत्रकारिता सवालों के कठघरे में है। सवाल उठने लगा है कि आखिर पत्रकारिता का मकसद क्या एक धंधा है? ऐसे में धंधे की बात ही सर्वोपरि है। जनपक्षीय पत्रकारिता महज एक स्लोगन है। बाजारवाद के इस दौर में जनपक्षधरता हाशिये पर है।

⊠ बिहार और झारखंड की पत्रकारिता में नयापन क्या है? इसे आप किस तरह परिभाषित करेंगे?

➔ नयापन तो एक नजरिया है। सवाल उठता है कि इसे किस रूप में देखा जा रहा है। अखबार में लेआउट के स्तर पर रोज नयापन दिखाई देता है। पाठकों को कंटेंट के स्तर पर नएपन की तलाश रहती है। यह नयापन हर अखबार में देखने को मिल जाता है। अखबार में स्पेस का घोर अभाव है। अखबारों के विभिन्न संस्करणों के कारण अब हर जगह की खबरें नहीं मिल पाती हैं। मसलन, धनबाद की खबरें, हजारीबाग में नहीं मिल पाती हैं। समस्तीपुर की खबरें पटना में नहीं दिखाई देती हैं। इसे भी आप नयापन मान सकते हैं, लेकिन इस नएपन में खबरों से कटने की भी साजिश है। इसे समझने की भी आवश्यकता है।

संपादक

'दैनिक जागरण', लखनऊ

□

निराशावाद की बैचेनी

—संजय कुमार

⮽ झारखंड में पत्रकारिता के विकास को आप किस रूप में देखते हैं? जरा विस्तार से बताएँ?

➔ झारखंड की पत्रकारिता बिहार की पत्रकारिता का ही विस्तार है। उम्र के मामले में झारखंड बहुत छोटा है। कह लें कि किशोरावस्था में जी रहा है प्रदेश, लेकिन 12–13 साल में पत्रकारों को शुरुआत की नई जमीन मिली। नए सत्ता-समीकरण और नई परिस्थितियों ने पुराने तौर-तरीकों पर एक लबादा तो पहना ही दिया। कह लें कि झारखंड में स्थानीय अखबार, टी.वी. चैनल, रेडियो और खुद पत्रकार को अपनी शक्ति का एहसास पहले से ज्यादा हुआ। बिहार के दक्षिणी हिस्से से निकलनेवाला 'प्रभात खबर' राज्य का सबसे बड़ा अखबार बना। 'हिंदुस्तान' और 'दैनिक जागरण' को यहाँ पर 'प्रभात खबर' से मजबूत चुनौती मिली, लेकिन समय के साथ-साथ अन्य बड़े घरानों ने यहाँ अपनी रुचि बढ़ाई और इसी चलन की डोर थामे 2010 में 'दैनिक भास्कर' ने झारखंड में दस्तक दी। झारखंड के अखबारों के इतिहास में 2010 एक अहम्

मोड़ माना जाएगा। इसके बाद जिस तरह का प्राइस-वार राँची सहित राज्य के दूसरे जिलों में शुरू हुआ, उसका खामियाजा छोटे अखबारों को उठाना पड़ा। 'खबरखंड' जैसे छोटे अखबारों का अस्तित्व खत्म हो गया। आज की हालत तो पहले से ही पस्त थी। इस दौर में अखबारों की कीमत 3-3.50 रुपए से घटकर 2 रुपए हो गई। दूसरे अखबारों को भी कीमत घटानी पड़ी। नए सबस्क्रिप्शन ऑफर शुरू हुए। एक महीने के अखबार के साथ चीनी और मग मुफ्त में मिलना शुरू हुआ तो एक तरह से जो व्यवसायी तरीका दिल्ली और बड़े शहरों में अपनाया जाता था, झारखंड उसका गवाह बना। इस दौरान नए-नए चैनल भी खुले, लेकिन बड़े चैनलों के आगे वो अपनी जगह नहीं बना पाए।

पत्रकारिता में दलितों और आदिवासियों की भागीदारी क्यों नहीं है? इसका क्या कारण है?

➔ पत्रकारिता में दलितों-आदिवासियों की भागीदारी का सवाल लंबे समय से उठता रहा है, लेकिन हाल के वर्षों में यह पहली बार तब बड़े स्तर पर उद्घाटित हुआ, जब 1996 में बी.एन. उनियाल ने अपने लेख 'इन सर्च ऑफ ए दलित जर्नलिस्ट' में राष्ट्रीय मीडिया में दलितों (और आदिवासियों) की अनुपस्थिति को जाहिर किया। इसके बाद मीडिया स्टडीज ग्रुप की तरफ से अनिल चमड़िया, योगेंद्र यादव और जितेंद्र कुमार ने दिल्ली के कथित राष्ट्रीय मीडिया में शीर्ष निर्णायक ओहदों पर बैठे लोगों की सामाजिक पृष्ठभूमि से जुड़ा एक अध्ययन किया। इस मसले पर संभवतः देश में यह पहला सर्वेक्षण था। अध्ययन के नतीजे

चौंकानेवाले थे। इस अध्ययन से ये जाहिर हुआ कि शीर्ष ओहदों पर दलितों की हिस्सेदारी शून्य है। बिहार के मीडिया पर लगभग ऐसा ही एक अध्ययन प्रमोद रंजन ने किया। नतीजे लगभग समान थे। इसमें पाया गया कि बिहार में 87 प्रतिशत पत्रकार सवर्ण हैं, जबकि पिछड़ी, अति-पिछड़ी जाति और दलित-आदिवासियों की कुल हिस्सेदारी महज 13 फीसदी है। बिहार में कुल 1 प्रतिशत दलित मीडिया में हैं।

मीडिया में समाज के विभिन्न वर्गों की हिस्सेदारी का सवाल काफी पुराना है। यूरोप और अमेरिका में इसे सुनिश्चित करने के लिए बड़े स्तर पर नियोजित प्रयास हुए। सन् 1978 में अमेरिका में संपादकों की बैठक हुई, जिसमें फैसला लिया गया कि न्यूजरूम में अश्वेतों सहित अन्य सामाजिक अल्पसंख्यकों की भागीदारी बढ़ाई जानी चाहिए। वहाँ पर धीरे-धीरे ऐसा हुआ भी। इसके पीछे एक बड़ा तर्क यह था कि अश्वेतों से जुड़े मसलों की रिपोर्टिंग में उनके पक्ष को ठीक तरीके से पेश नहीं किया जा रहा है, लिहाजा यदि न्यूजरूम में उनकी भागीदारी बढ़ेगी तो सामाजिक विविधता की तरह न्यूजरूम में भी विविधता आएगी और अंततः इसका असर छपने/दिखनेवाली खबरों पर पड़ेगा।

भारत में ऐसी कई बानगियाँ हैं, जब यहाँ का मीडिया सवर्ण-हिंदू-एलीट-शहरी-मध्यवर्गीय-पुरुष की तरह पेश हुआ है। आरक्षण के मसले से लेकर आतंकवाद के आरोप में गिरफ्तार हो रहे एक खास धार्मिक समूह से जुड़ी रिपोर्टिंग में ये बातें बेहद स्पष्टता से उभरकर सामने आती हैं। कह लें कि इसका ढाँचागत चरित्र ही ऐसा है। फैसला लेनेवाला जो वर्ग है, वह जातीय,

नस्लीय और धार्मिक तौर पर अपने आसपास के लोगों को हिस्सेदारी देने में यकीन करता है। देश में मीडिया में भरती से जुड़ी किसी समान नियुक्ति-प्रक्रिया को नहीं अपनाया गया है और ज्यादातर मीडिया समूह, चूँकि निजी घरानों द्वारा संचालित हो रहे हैं, इसलिए संबंधों और ताल्लुकातों के आधार पर नौकरियों के दरवाजे यहाँ खुलते हैं। जाहिर है, पत्रकारों की नई खेप को तय करनेवाले लोगों की अपनी पक्षधरता होती है और ये पक्षधरता विचारधारा के साथ-साथ जातीय और धार्मिक दायरे में भी बँधी होती है। कई बार ये भेद-भाव बेहद मूर्तरूप से जाहिर होते हैं, लेकिन सूक्ष्म स्तर पर भी पसंदगी-नापसंदगी का भाव अवचेतन में चलता रहता है। कई दफा यह नियोजित नहीं होता कि संस्थान में दलितों-आदिवासियों को नहीं लेना है, लेकिन मीडिया के मानदंड जिस तरह के बनाए गए हैं, उस पैमाने पर कई बार उन वर्गों के लोग मिसफिट बैठते हैं।

दरअसल, भारतीय न्यूजरूम आज भी अलग-अलग सामाजिक वर्गों की हिस्सेदारी को स्वीकारने की स्थिति तक पहुँचा ही नहीं है और न ही देश के मूर्धन्य संपादकों/पत्रकारों/प्रतिबद्ध मालिकों ने इसके लिए कोई कोशिश की। भारतीय मीडिया अपने चरित्र में यथास्थितिवादी और नकलची है, लेकिन ऐसी स्थिति अभी साफ दिख रही है कि कोई एक समूह अगर दलित-आदिवासियों को अपने संस्थान में समुचित हिस्सेदारी देना शुरू भी कर दे तो इस ट्रेंड की नकल दूसरे मीडिया समूह नहीं करनेवाले।

☒ क्या आप मानते हैं कि झारखंड में पत्रकारिता का चेहरा जनविरोधी है?

➔ जनविरोधी होना, न होना इस बात पर निर्भर करता है कि क्या कोई खबर अखबार के मौजूदा मालिकाना ढाँचे या नीति पर चोट करती है? अगर वो उस नीति के खिलाफ जाएगी तो अखबार या मीडिया का कोई भी दूसरा माध्यम उस खबर को रोकने की कोशिश करेगा, चाहे जनता के लिए वो खबर कितनी भी सरोकार की क्यों न हो।

सारंडा की स्थितियों के बारे में झारखंड के स्थानीय पत्रकारों को नहीं पता होगा, ये मुमकिन नहीं है, लेकिन सारंडा के जंगलों में चलनेवाली गतिविधि, वहाँ रहनेवाले लोगों में फैली बीमारी बड़ी खबर तब बनी, जब 'द हिंदू' ने उसे बड़ी जगह देकर राष्ट्रीय संस्करण में छापा। बाद में इस पर तत्कालीन ग्रामीण विकास मंत्री जयराम रमेश ने उसी अखबार में अपना पक्ष भी रखा था, लेकिन झारखंड से निकलनेवाले प्रमुख अखबारों में छपी सारंडा की खबरों में न तो वैसा नजरिया था और न ही उनमें कोई पैनापन दिखाई पड़ा।

माओवाद झारखंड में है, ये सब जानते हैं, लेकिन इस मसले की रिपोर्टिंग में पुलिस से मिली सूचना पर अखबार किस हद तक निर्भर है, ये किसी भी दिन का कोई भी अखबार पलटने से पता चल जाता है। बीच में 'दैनिक जागरण' ने माओवाद पर कई दिनों तक एक-एक पेज देकर झारखंड-शृंखला में एक बहस चलवाई। इसके बाद वह फिर से अपनी रूटीन रिपोर्टिंग शैली में लौट आया। दयामनी बारला को गिरफ्तार हुए बहुत दिन नहीं हुए, लेकिन वहाँ पर बारला से ज्यादा मलाला खबरों में है तो

झारखंड की पत्रकारिता को लेकर क्या कहा जा सकता है? स्थानीय मुद्दों से एक सुरक्षित दूरी बनाकर प्रगतिशीलता का चोगा ओढ़ने के लिए पाकिस्तान-अफगानिस्तान में घटनेवाली घटनाएँ संपादकों को एक शानदार मौका देती हैं। मीडिया को जो लोग आज की तारीख में भी जज्बाती होकर मिशन और लोकतंत्र के खंभे जैसी कोई चीज मान रहे हैं, वो मासूमियतभरी भूल कर रहे हैं।

⮽ झारखंड की पत्रकारिता आखिर किसके लिए की जा रही है? क्या इसमें व्यापक समुदाय का हित है?

➔ मोटे तौर पर तो हर मीडिया की ये दलील होती है कि वो सारी जनता के लिए खबर परोस रहा है, लेकिन मीडिया की विषय-वस्तु यह साफ कह रही है कि वह आज मध्यवर्ग को संबोधित है या तो मध्यवर्ग की जरूरतों को पूरा करनेवाली बातों को अखबार-टी.वी. पेश करता है या फिर ये कोशिश करता है कि चमकते हुए भारत के कुछ चुनिंदा चेहरों को उनके आदर्श के तौर पर स्थापित कर वास्तव में असल सवालों को दरकिनार कर दे। ये मीडिया की समाजशास्त्रीय और राजनीतिशास्त्रीय आलोचना है। गरीब-मजलूमों के सवालातों से वह बहुत वाबस्ता नहीं है और न ही भविष्य में वह ऐसा होने की कोई उम्मीद जगाता है। व्यावसायिक होड़ में कभी-कभी किसी खबर की तह तक भी मीडिया पहुँचता है और कभी-कभी अलग दिखने की चाहत में भी। लगातार एक तरह की खबर दिखाते-छापते क्षेपक की तरह बीच में अपनी नीति से उलट सामग्रियाँ भी वह हमारे सामने पेश कर सकता है, लेकिन हमें यह समझना चाहिए कि ये असल में मीडिया के

नियम नहीं हैं। व्यापक समुदाय अगर यह क्षमता विकसित करे कि वो अखबारों और टी.वी. में दिखाए जानेवाले शब्दों-चित्रों के पीछे की कहानी को अतिरिक्त ऊर्जा लगाकर समझे तो मीडिया की, यह रिपोर्टिंग उनकी समझदारी बढ़ाने में मदद कर सकती है, लेकिन यदि मीडिया में दिखनेवाले शब्द उनको अंतिम सत्य की तरह लगते हैं तो आज की तारीख में यह सत्य समझना उनके लिए बेहद मुश्किल होगा। मीडिया खुद को व्यापक समुदाय से ही मुखातिब मानता है, कहानियाँ भी व्यापक समुदाय की ही कहता है, लेकिन कहानियों को संप्रेषित करते समय अपनी छलनी लगा देता है। इसलिए 'बिटविन द लाइन' यदि कोई पढ़ सकता है तो हाँ, मीडिया व्यापक समुदाय का हित पेश कर रहा है, वरना नहीं।

⊠ क्या आप मानते हैं कि झारखंड में सत्ता के साथ मीडिया का भी गठबंधन है?

➔ भारत में मीडिया का विकास सत्ता के गलियारों से हुआ। पहला अखबार अंग्रेजों ने निकाला, रेडियो अंग्रेजों ने शुरू किया और देश में टेलीविजन की शुरुआत सरकारी देख-रेख में हुई। सत्ता-व्यवस्था के हिसाब से मालिकाना हक में भी बदलाव आया। सरकारीकरण का दायरा जब कम होने लगा तो 1990 के आसपास निजी (और विदेशी) टी.वी. चैनलों ने देश में दस्तक दी। इस दौरान सत्ता की पूरी संरचना ही सरकार से शिफ्ट होकर कॉरपोरेट के कंधों पर आ गिरी है, लेकिन बावजूद इसके, सत्ता में दोनों की हिस्सेदारी एक-दूसरे को टिकाए रखने की हद तक मजबूत है।

देश के हर हिस्से में मीडिया का यही हाल है और झारखंड इसका कोई अपवाद नहीं है। कॉरपोरेट और राजनीतिक हित को साधने के जरिए के तौर पर मीडिया विस्तार पा रहा है। 'दैनिक भास्कर' ने जब काफी आक्रामकता के साथ झारखंड में अपने पैर जमाने शुरू किए तो राँची की सड़कों पर हॉकरों से जबरदस्ती करने के कई वाकये मीडिया में सामने आए थे।

बीते दशकभर में झारखंड के अशांत राजनीतिक हालात में मीडिया मैनेजमेंट के बगैर वित्तीय अनियमितता के सैकड़ों कांड उसी तरह नहीं होते, जिस तरह उन्हें अंजाम दिया गया। 'सीएजी' की रिपोर्ट आने के बाद मीडिया में घोटालों की खबर चार साल बाद चलती है तो फिर सवाल उठना ही चाहिए कि आखिरकार चार साल वहाँ का मीडिया चुप क्यों रहा? क्या किसी को इन खबरों की जानकारी नहीं थी? सत्ता के साथ पत्रकारों और अखबारों के क्या रिश्ते हैं, इसकी एक मिसाल लीजिए। 'भारतीय प्रेस परिषद्' के अध्यक्ष मार्कंडेय काटजू ने पटना के एक कार्यक्रम में बिहार में पत्रकारीय आजादी के मामले में चिंता जाहिर की और इसके लिए बिहार के राजनीतिक नेतृत्व को जिम्मेदार माना, लेकिन झारखंड से निकलनेवाले एक प्रतिष्ठित अखबार ने काटजू की आलोचना में दो पेज का लेख लिखा और इस लेख में उन्होंने नीतीश कुमार के 'सुशासन' का हवाला दिया। बिहार में राजनीतिक गठजोड़ के ये वाकये अपनी पूरी परंपरा में झारखंड तक फैले हुए हैं और पत्रकारिता की इस फल-फूल रही शैली पर ज्यादा गाढ़ी लकीर खींच रहे हैं।

☒ झारखंड में हो रहे राजनीतिक घोटालों के बारे में आप क्या सोचते हैं? इसमें मीडिया की क्या भूमिका है?

➔ अपने दशकभर के इतिहास में झारखंड को सबसे ज्यादा राजनीतिक सत्ता-परिवर्तन और घोटालों की खबर के लिए याद किया जाना चाहिए। घोटालों और राजनीतिक परिवर्तन का विस्तार यहाँ तक हुआ कि एक निर्दलीय विधायक पहले सूबे का मुख्यमंत्री बना और बाद में एक अदना सी जेल का कैदी। खनन के जितने पट्टे एकीकृत बिहार-झारखंड में अटके पड़े थे, अलग राज्य बनने के बाद उन सबको हरी झंडी देने में यहाँ की सरकार बेचैन दिखी। कोयला-खदान आवंटन मामले में मधु कोड़ा ने जिस तरह की जल्दबाजी की, उसका खुलासा बाद में हुआ, जब पता चला कि 'विनी आयरन एंड स्टील लिमिटेड' के विजय जोशी सहित कई लगुओं-भगुओं को खदान बाँटने में कोडा ने मामूली नियमों का भी पालन नहीं किया। दिलचस्प यह है कि झारखंड से निकलनेवाले दो प्रमुख अखबारों की कंपनियाँ भी कोयला घोटाले में शामिल हैं। 'प्रभात खबर' निकालनेवाली कंपनी 'ऊषा मार्टिन' और 'दैनिक भास्कर' निकालनेवाली कंपनी 'डीबी कॉर्प लिमिटेड'। 'ऊषा मार्टिन' खनन की चर्चित कंपनी है और बीते कुछ सालों में भास्कर समूह ने अपना विस्तार न सिर्फ खनन, बल्कि ऊर्जा निर्माण के क्षेत्र में काफी तेजी से किया है। यह बेहद संजीदा मसला है, अखबारों के लिए और खासकर झारखंड के राजनीतिक हालात को समझने के लिए। झारखंड के कई विशेषज्ञों का मानना है कि अगर 'प्रभात खबर' (यानी ऊषा मार्टिन) से मधु कोड़ा का 'पंगा' नहीं हुआ होता तो उनका मामला शायद दब जाता।

असल में झारखंड के पत्रकारिता उद्योग पर गौर किया जाना चाहिए। यह ध्यान देनेवाली बात है कि जब 'दैनिक भास्कर' ने पावर स्टेशन की तरफ पैर पसारा, लगभग उसी के आसपास उसने खुद को झारखंड में लॉञ्च किया। झारखंड में खनिज और अयस्कों का बड़ा भंडार है और उस राज्य में एक बड़े अखबार के निकलने का मतलब है कि इस पूरे मामले में वह एक अधिकारपूर्ण हस्तक्षेप रख सकता है। पत्रकारिता के मौजूदा स्वरूप को देखते हुए इसके दोहरे-तिहरे फायदे हैं। अगर अखबार की खुद की कंपनी इस धंधे में है तो राजनीतिक नेतृत्व पर एक दबाव बनाकर खदान हासिल करने में आसानी रहती है। यदि सरकार इसमें आना-कानी कर रही है तो अखबार सरकार के खिलाफ बगावती रवैया अपना सकता है। इसके अलावा एक तीसरा फायदा यह है कि खनन का पट्टा हासिल करनेवाली किसी तीसरी कंपनी की खबरें दबाने-छिपाने-दिखाने का वह खुलकर सौदा कर सकता है। जी-जिंदल मामले में यह ट्रेंड राष्ट्रीय स्तर पर बहुत साफ हो गया है।

'साधना न्यूज' चलानेवाली कंपनी खनन के धंधे में उतरी हुई है। आप दिल्ली की किसी दीवार पर 'साधना न्यूज' का विज्ञापन देखिए, उसमें मोटे हर्फ में लिखा रहता है कि न्यूज के साथ-साथ वह किन अन्य धंधों में शामिल हैं। इस सूची में आपको खनन भी देखने को मिलेगा। यह चैनल झारखंड और छत्तीसगढ़ में सबसे ज्यादा सक्रिय है और सबसे ज्यादा खनन भी इन्हीं राज्यों में होता है। मोटे तौर पर हम कह सकते हैं कि स्थिति अच्छी नहीं है, लेकिन इन्हीं लोगों के बीच ऐसे पत्रकार भी रहे हैं, जिन्होंने 'चारा घोटाले' से लेकर झारखंड के 'खनिज घोटाले' और एक मुख्यमंत्री

के विदेशों में 'माइंस' खरीदने तक का खुलासा किया। जाहिर है कि झारखंड का ये निराशावाद बेचैन तो करता है, लेकिन आशावाद की धुँधली तसवीर ही सही, दिल को सुकून जरूर पहुँचाती है।

एक्जीक्यूटिव प्रोड्यूसर

राज्यसभा टी.वी., नई दिल्ली

□

पत्रकारिता जनता का हथियार

–आर.पी. श्रीवास्तव

⊠ झारखंड में पत्रकारिता के विकास को आप किस रूप में देखते हैं? विस्तार से बताएँ।

➔ सामाजिक जीवन में चलनेवाली घटनाओं, झंझावातों के बारे में लोग जानना चाहते हैं, जो जानते हैं, वे उसे बताना चाहते हैं। जिज्ञासा की इसी वृत्ति में पत्रकारिता के उद्‌भव एवं विकास की कथा छिपी है। पत्रकारिता जहाँ लोगों को उनके परिवेश से परिचित कराती है, वहीं वह उनके होने और जीने में सहायक है। झारखंड आंदोलन से लेकर राज्य के गठन के 12 वर्षों बाद प्रदेश में पत्रकारिता की स्थिति भी कुछ ऐसी ही लगती है। पत्रकारिता समाज को मार्ग दिखाने, सूचना देने एवं जागरूक बनाने का माध्यम है। ऐसे में उसकी जिम्मेदारी एवं जवाबदेही बढ़ जाती है। यह सही अर्थों में एक चुनौती भरा काम है। पत्रकारिता का क्षेत्र एवं परिधि काफी व्यापक है। उसको किसी सीमा में बाँधा नहीं जा सकता। जीवन के प्रत्येक क्षेत्र में हो रही हलचल, संभावनाओं पर विचारकर एक नई दिशा देने का काम

पत्रकारिता के क्षेत्र में आता है। पत्रकारिता जीवन के हर पहलू पर नजर रखती है। इन अर्थों में उसका क्षेत्र व्यापक है। एक पत्रकार के शब्दों में, 'समाचारपत्र जनता की संसद् है, जिसका अधिवेशन सदैव चलता रहता है।' इस समाचारपत्र रूपी संसद् का कभी सत्रावसान नहीं होता। जिस प्रकार संसद में विभिन्न प्रकार की समस्याओं पर चर्चा होती है, विचार-विमर्श होता है, उसी प्रकार समाचार-पत्रों का क्षेत्र भी व्यापक एवं बहुआयामी होता है। पत्रकारिता के प्रारंभिक दौर में घटना को यथातथ्य प्रस्तुत करना ही पर्याप्त माना जाता था। परिवर्तित परिस्थितियों में पाठक घटनाओं के मात्र प्रस्तुतीकरण से संतुष्ट नहीं होता। वह कुछ और भी जानना चाहता है। इसी 'और' की संतुष्टि के लिए आज संवाददाता घटना की पृष्ठभूमि और कारणों की भी खोज करता है। पृष्ठभूमि के बाद वह समाचार का विश्लेषण भी करता है। इस विश्लेषणपरकता के कारण पाठक को घटना से जुड़े विविध मुद्दों का भी पता चल जाता है। पंडित बनारसी दास चतुर्वेदी ने एक स्थान पर लिखा है कि पत्रकारिता को युगों की अवधि में ठीक-ठीक निश्चित करना कोई आसान काम नहीं है। एक युग दूसरे युग से मिल-जुल जाता है। पत्र एक युग में आरंभ होता है, दूसरे युग में उसका यौवन प्रस्फुटित होता है और संभवत: तीसरे युग में उसका अंत भी हो सकता है। वास्तव में हिंदी पत्रकारिता का तार्किक और वैज्ञानिक आधार पर काल विभाजन करना कुछ कठिन कार्य है। झारखंड गठन से पूर्व ही नब्बे के दशक की शुरुआत में 'प्रभात खबर' ने जो रास्ता बनाया, वह प्रदेशवासियों के लिए काफी अच्छा था।

⊠ पत्रकारिता में दलितों और आदिवासियों की भागीदारी क्यों नहीं? इसका क्या कारण है?

➔ सच कहूँ तो यह वर्ग आज भी केवल अधिकारों और आरक्षण की माँग पर अड़ा है, जबकि सच तो यह है कि अधिकार कभी भी माँगने से नहीं मिलता। उसे हासिल करना पड़ता है। यदि ज्ञान और शिक्षा के सहारे दलित और आदिवासी भी इस क्षेत्र में आएँ, तो उनको रोकनेवाला कोई नहीं है। अभी तक दूसरे क्षेत्रों की तरह इस पेशे में इस वर्ग ने शायद दिलचस्पी लेनी शुरू नहीं की है।

⊠ क्या आप मानते हैं कि झारखंड में पत्रकारिता का चेहरा जनविरोधी है?

➔ नहीं, बिल्कुल भी नहीं। झारखंड की पत्रकारिता शुरू से ही जनसरोकारों की रही है।

⊠ झारखंड की पत्रकारिता आखिर किसके लिए हो रही है? क्या इसमें व्यापक समुदाय का हित है?

➔ पत्रकारिता हमेशा उस समाज के लिए की जाती है, जो उसके आस-पास होता है। रोजमर्रा की घटनाओं सहित किसी भी घटना विशेष पर पैनी नजर रहती है मीडिया की। यदि झारखंड की ही बात करें, तो सूबे की पत्रकारिता में आज भी व्यापक समुदाय का हित जुड़ा है।

⊠ क्या आप मानते हैं कि झारखंड में सत्ता के साथ मीडिया का भी गठबंधन है?

➔ समय के साथ मीडिया भी समझौता कर रहा है। यदि वह कॉरपोरेट

घरानों और सत्ता के साथ गठबंधन करता है, तो अब उतनी हाय-तौबा नहीं मचती।

☒ झारखंड में हो रहे राजनीतिक घोटालों के बारे में आप क्या सोचते हैं? इसमें मीडिया की क्या भूमिका है?

➔ इसे प्रदेश की सबसे बड़ी विडंबना ही कहेंगे कि केवल 12 वर्षों में कई राजनीतिक घोटाले हुए। कुछ ही समय में जिस प्रकार मुख्यमंत्री मधु कोड़ा ने करोड़ों रुपए बनाए, वह बहुत कुछ कहता है। रही बात मीडिया की, तो हाल के वर्षों में बाजारवाद की चपेट में वह भी आ गया है। इस सच से भला कौन इंकार कर सकता है कि बाजार के अपने गुण-दोष होते हैं।

संपादक
पंचायत पोस्ट, भोपाल

□

सब मुनाफे का धंधा—अमिताभ

☒ झारखंड की पत्रकारिता को किस रूप में देखते हैं आप?

➔ झारखंड की पत्रकारिता की अपनी कोई विशेष पहचान नहीं है, जिन कारणों से झारखंड बिहार से अलग हुआ, उसके राजनीतिक और सामाजिक दोनों पहलू थे, मगर बँटवारे के बाद राजनीति प्रभावी हो गई और सामाजिक मुद्दे पीछे रह गए। आदिवासियों के हितों की लड़ाई पीछे छूट गई, वे लोग जो आदिवासियों के हितों का प्रतिनिधित्व कर रहे थे, वे भी आदिवासियों की वास्तविक समस्याओं से नजर चुराने लगे। व्यावसायिक पत्रकारिता का अपना चरित्र पूँजी के हितों से तय होता है। लोकतंत्र के संसदीय और टटपूँजिया सुधारों से आगे व्यावसायिक पत्रकारिता को कुछ नहीं दिखता है। उड़ीसा, असम, राजस्थान, छत्तीसगढ़, मध्यप्रदेश और बिहार जैसे पिछड़े राज्यों की पत्रकारिता का स्वर लगभग एक जैसा ही है। व्यावसायिक घरानों के अखबारों व पत्र-पत्रिकाओं से ये उम्मीद करना कि वे हाशिये पर पड़े और हर तरह के शोषण, दमन के शिकार हो रहे आदिवासियों के हितों के लिए संघर्ष करेंगे या आवाज बुलंद करेंगे, बेमानी है। झारखंड की पत्रकारिता मोटे तौर पर सूबे के सत्ताधारी शासक वर्ग के हितों को

ध्यान में रखकर काम करती है। बिहार के बँटवारे के बाद एक सूबे के तौर पर झारखंड में राजकीय ढाँचा तैयार हो गया, मगर सामाजिक आंदोलनों की कोई शक्तिशाली धारा न ही विकसित हुई और न ही उन सामाजिक आंदोलनों को स्वर देने के लिए कोई समानांतर मीडिया अस्तित्व में आ सका।

⌧ झारखंड की पत्रकारिता में दलित व आदिवासियों की भागीदारी नहीं के बराबर है। आप इसका क्या कारण मानते हैं?

➔ झारखंड के दलित और आदिवासी समाज के सबसे पिछड़े लोगों में हैं। जीवन की परिस्थितियाँ इनके लिए इतनी विकट हैं कि शिक्षा हासिल करने की बात वे सोच भी नहीं सकते। अस्तित्व का संघर्ष, किस तरह जिंदा रहने की चुनौतियाँ इतनी बड़ी और मुशकिल हैं कि ऊँची तालीम हासिल करके मीडिया और अन्य व्हाइट कॉलर पेशों तक पहुँचना असंभव बना हुआ है। वैसे भी मीडिया पर सवर्णों और उच्च जातियों का दबदबा है। जातीय दुराग्रहों की वजह से किसी दलित या आदिवासी को मीडिया में दाखिला मिलना आसान नहीं है, दलित और आदिवासी युवक स्वभाव से जितने प्रगल्भ, संकोची और सरल, भोले-भाले होते हैं, वह मीडिया के लिए उन्हें मिसफिट साबित कर देता है। व्यावसायिक पत्र-पत्रिकाओं में नौकरी पाने के लिए जिस किस्म की 'स्ट्रीट स्मार्टनेस' चाहिए, उससे आदिवासी युवक अभी कोसों दूर हैं। यही कारण है कि मीडिया से वे बेदखल हैं।

⮽ क्या आप मानते हैं कि झारखंड में पत्रकारिता का चेहरा जनविरोधी है?

➔ जनविरोधी कहना उचित नहीं होगा, सिर्फ झारखंड ही नहीं, पूरे भारत की पत्रकारिता कुछ राष्ट्रीय और कुछ अंतरराष्ट्रीय आर्थिक शक्तियों के हितों के अनुरूप कार्य करती है। यह पत्रकारिता संसदीय और संवैधानिक ढाँचे के अंदर रहकर पूँजीपति वर्ग के वैचारिक औजार की तरह काम करती है। जहाँ भी वर्गीय संघर्ष और टकराव की स्थिति बनती है, वहाँ मीडिया शासक वर्ग के साथ खड़ा दिखाई देता है। मसलन सरकार, पुलिस, मंत्री, व्यावसायिक प्रतिष्ठानों के बड़े-बड़े अधिकारी और सरकार के नौकरशाहों की हर हरकत, हर कार्रवाई को जायज ठहराना और मजदूरों, छोटे किसानों, शहरी गरीबों और आम मेहनतकश लोगों की हर काररवाई और हर आंदोलन को गैरकानूनी और नाजायज ठहराना बुर्जुआ पत्रकारिता का मूल चरित्र है। झारखंड में भी बड़ी पूँजी के खेल में फँसी पत्रकारिता का चरित्र आदिवासी विरोधी है।

⮽ क्या आप मानते हैं कि झारखंड में सत्ता के साथ मीडिया का अघोषित गठबंधन है?

➔ इस सवाल का जवाब मैं पहले ही दे चुका हूँ, वैसे भी अगर झारखंड की पत्रकारिता आदिवासियों के संघर्षों से कटी हुई है। अगर वह आदिवासियों के रोजमर्रा के संघर्ष, प्रकृति के साथ उसके सहअस्तित्व और दिनोदिन उनकी जिंदगी की बढ़ती हुई मुश्किलों को स्वर नहीं देती है तो इसका सीधा सा मतलब है कि झारखंड की पत्रकारिता आदिवासियों को बर्बादी के मुँह में धकेलने

वाली शक्तियों के साथ मजबूती के साथ खड़ी है। स्थिति यह है कि झारखंड के आदिवासी पलायन के लिए मजबूर हैं। आदिवासियों के पुनर्वास के लिए चल रही सरकारी योजनाओं में भारी भ्रष्टाचार है। आदिवासी युवतियों के यौन–शोषण और उनकी तस्करी बड़े पैमाने पर हो रही है। मीडिया गाहे–बगाहे आदिवासियों के शोषण की रूटीन खबरें प्रकाशित करता है। मगर उनका मकसद सत्ता में बैठे लोगों को बेपरदा करना नहीं होता।

☒ तो फिर झारखंड में आखिर पत्रकारिता किसके लिए की जा रही है?

➔ जाहिर सी बात है कि झारखंड ही नहीं, पूरे देश में दलित क्लास के लिए नहीं हो रही है। दलित और आदिवासियों के नाम पर प्रदेश में जो लूट मची हुई है, सब उसके बँटवारे में लगे हुए हैं। राजनेता, पुलिस, ठेकेदार और पत्रकारों–संपादकों का एक ऐसा नेटवर्क बना हुआ है, जो हर तरीके से लूट के खेल को अंजाम देने में लगे हैं, सच मायने में झारखंड की पुलिस और पत्रकारों में कोई विशेष फर्क नहीं है।

इस प्रदेश में पत्रकारिता खास शहरी तबकों के लिए की जा रही है, पत्रकारिता की आड़ में यहाँ कई तरह के खेल चल रहे हैं, इसे समझने की आवश्यकता है।

वरिष्ठ प्रोड्यूसर

'मौर्य टीवी', पटना

□

खतरनाक है सपनों का मरना

–अनंत अमित

⊠ झारखंड में पत्रकारिता के विकास को आप किस रूप में देखते हैं। जरा विस्तार से बताएँ।

➔ हर समाज और देश में पत्रकारिता की अपनी अलग जरूरत होती है। समाज से उसका सरोकार बनता है। उसी के मुताबिक वहाँ की पत्रकारिता का तेवर तय होता है और अपनी एक अलग परंपरा बनती है। इस दृष्टि से अगर देखा जाए तो झारखंड की पत्रकारिता और देश के दूसरे हिस्सों की पत्रकारिता में बुनियादी स्तर पर फर्क दिखाई पड़ता है। यदि यह कहा जाए कि झारखंड आंदोलन और नए राज्य के गठन में सूबे की क्षेत्रीय पत्रकारिता ने काफी सराहनीय योगदान दिया तो अतिशयोक्ति नहीं होगी। देश की आजादी में पत्रकारिता की जो भूमिका रही, झारखंड के परिप्रेक्ष्य में भी कमतर नहीं है, पर समय के साथ यहाँ की पत्रकारिता की प्राथमिकताएँ बदल गईं और काफी भटकाव आया। बाजार ने पत्रकारिता को बदला, लेकिन वहाँ जो बदलाव हुए, उसमें बुनियादी स्तर पर अन्य क्षेत्रों की तरह बदलाव नहीं आया। इन बदलावों के बावजूद अब भी देश की

पत्रकारिता को एक तरह का नहीं कहा जा सकता है, पर इस बात पर दुनियाभर में आम सहमति दिखती है कि दुनियाभर में पत्रकारिता के क्षेत्र में गिरावट आई है। इस गिरावट को दूर करने के लिए हर जगह अपने-अपने यहाँ की जरूरत के हिसाब से रास्ते सुझाए जा रहे हैं। हालाँकि कुछ बातें ऐसी हैं, जिन्हें हर जगह पत्रकारिता की कसौटी बनाया जा सकता है। पत्रकारिता लेखन का विकास सैकड़ों साल पुराना और उन मानव मूल्यों पर आधारित है, जो किसी भी समाज या व्यक्ति के विकास में अहम भूमिका निभाता है। जब सबसे पहले माना गया कि व्यक्ति का जीवन समाज से ज्यादा महत्वपूर्ण है, क्योंकि व्यक्तिगत जीवन को बिना आदर दिए समाज की बात करना सभ्य समाज के लिए बेमानी होगा। इस सोच को समाज निर्माण और पत्रकारिता लेखन का प्रथम बिंदु माना गया। पत्रकारिता लेखन बेहतर समाज के निर्माण की प्रक्रिया है। यह प्रक्रिया है उन विकृतियों को समाज के सामने लाने की, जिनके चलते शोषणवादी समाज में आम आदमी का दम घुटता है। जिसकी बानगी आप मधु कोड़ा आदि मामले में देख सकते हैं। झारखंड की पत्रकारिता ने कई ऐसे खुलासे किए हैं, जिनमें मानवीय सरोकारों को प्राथमिकता दी गई है।

⊠ पत्रकारिता में दलितों और आदिवासियों की भागीदारी क्यों नहीं है? इसका क्या कारण है?

➔ अब तक यह वर्ग उपेक्षित ही रहा है। शिक्षा की पहुँच से यह तबका अब भी कई क्षेत्रों में अछूता रहा है। जिस प्रकार से राजनीति में जातिवाद और क्षेत्रवाद की बात होती है, उसी प्रकार पत्रकारिता

में भी जातिवाद और क्षेत्रवाद से इंकार नहीं किया जा सकता है। हालांकि इसका मतलब यह नहीं कि दलित और आदिवासी इस क्षेत्र में नहीं हैं। कई लोग आए हैं, जो अपना बेहतर मुकाम हासिल कर चुके हैं।

☒ **क्या आप मानते हैं कि झारखंड में पत्रकारिता का चेहरा जन विरोधी है?**

➔ नहीं, बिलकुल भी नहीं। जनसरोकारों से जुड़ी हुई पत्रकारिता है झारखंड की। एक क्षेत्रीय अखबार के रूप में शुरुआत करके झारखंड की धरती से 'प्रभात खबर' ने जिस प्रकार के मानदंड स्थापित किए हैं, उसकी कई जगह मिसाल दी जाती है। अखबार नहीं आंदोलन, इसी अखबार की पंच लाइन है, भला इससे इंकार कैसे कर सकते हैं।

☒ **झारखंड की पत्रकारिता आखिर किसके लिए की जा रही है? क्या इसमें व्यापक समुदाय का हित है?**

➔ यदि पत्रकारिता के सरोकार के तहत बात की जाए, तो झारखंड की पत्रकारिता समाज के उस वर्ग के लिए की जा रही है, जो विकास की आँधी में हाशिए पर धकेल दिए गए हैं। कई राष्ट्रीय अखबार और न्यूज चैनल भी प्रदेश में अपना वजूद बनाने के लिए क्षेत्र विशेष की बोली बोलने लगते हैं। यहाँ के समाचार माध्यमों से जनहित से जुड़े कई मुद्दे काफी गंभीरता से उठाए जाते हैं।

इसके साथ यदि यह भी कहूँ कि बाजार के गणित ने पत्रकारिता

के बीजगणित को बिगाड़ा है, तो अपने सरोकार से न्याय नहीं कर पाऊँगा। इसलिए यह कहने के लिए बाध्य होना पड़ रहा है कि झारखंड की पत्रकारिता तो आदिवासी और उपेक्षितों के लिए शुरू की गई थी, लेकिन राज्य के गठन के बाद से ही संस्थागत पत्रकारों को सत्ता का ऐसा स्वाद लगा कि उनके सरोकार छीजते जा रहे हैं।

⌧ **क्या आप मानते हैं कि झारखंड में सत्ता के साथ मीडिया का भी गठबंधन है?**

➔ इसको न तो पूरी तरह स्वीकार कर सकता हूँ और न ही इंकार कर सकता हूँ।

⌧ **झारखंड में हो रहे राजनीतिक घोटालों के बारे में आप क्या सोचते हैं? इसमें मीडिया की क्या भूमिका है?**

➔ यह तो इस प्रदेश की सबसे बड़ी त्रासदी है कि महज बारह वर्षों में कई राजनीतिक घोटाले हुए। किसी भी राजनीतिक दल ने राज्य में स्थायी सरकार नहीं दी। जब सरकारें अस्थिर होती हैं तो राजनीतिक घोटालों का होना उसका चरित्र जैसा बन जाता है। अलबत्ता, यहाँ भी यही हुआ। रही बात मीडिया की, तो हाल के वर्षों में बाजारवाद की चपेट में वह भी आ गया है। इस सच से भला कौन इनकार कर सकता है कि बाजार के अपने गुण–दोष होते हैं।

वरिष्ठ संवाददाता
शुक्लपक्ष, राँची

□

मौकाटेरियन पत्रकारिता– अखिलेश अखिल

⊠ **झारखंड में पत्रकारिता के विकास को आप किस रूप में देखते हैं। जरा विस्तार से बताएँ।**

➔ झारखंड में पत्रकारिता का विकास कोई अलग तरीके से नहीं हुआ है। आजादी से पहले जिस तरह से देश के अन्य इलाकों में पत्रकारिता का दौर जारी था, आजादी के लिए पत्रकारिता की जा रही थी और आजादी के लिए लोगों को गोलबंद करते हुए अंग्रेजों की नीतियों का विरोध हो रहा था, वही सबकुछ इस इलाके में भी चल रहा था। तब झारखंड नहीं था, बिहार का हिस्सा होने के कारण पटना और राँची की धरती से कई लोग साहित्य से जुड़ी पत्रकारिता को आगे बढ़ा रहे थे। आदिवासी इलाका होने के नाते शिक्षा का यहाँ अभाव था, लेकिन उस समय मौखिक स्तर पर लोगों में पंचायतों और समूहों में संदेश पहुँचाने का प्रचलन था। आजादी की लड़ाई वाले हमारे तमाम बाँकुरे इन्हीं संदेशों से ओत–प्रोत होकर आगे की रणनीति बनाते और उस पर अमल करते। आजादी के बाद भी इस प्रदेश की अधिकतर पत्रकारिता पटना से ही संचालित होती रही। यह बात और

है कि तब राँची भी कई समाचारपत्रों का केंद्र हुआ करता था और इसका विस्तार प्रदेशभर में होता रहा। '80 के दशक के बाद राँची की पत्रकारिता काफी आगे बढ़ी। कई घराने समाचार के क्षेत्र में आगे आए। कई प्रतिष्ठित संपादक और रिपोर्टर सामने आए और अपनी अमिट छाप भी छोड़ी। यह यहाँ की स्थानीय पत्रकारिता का ही फल था कि '80 के दशक के बाद पत्रकारिता और खबर के जरिए राजनीति में प्रवेश हुए। गाँव, कस्बों और छोटे शहरों के लोग देश, समाज और सरकार को जानने लगे और संवैधानिक स्तर पर हक की लड़ाई करने लगे। बिहार से झारखंड के अलग होने के बाद राज्य की पत्रकारिता में काफी बदलाव हुए हैं। कभी राँची और कुछ शहर ही समाचार के केंद्र होते थे, वहीं से राजनीति चलती थी, वह सब बदल गया। अब लगभग हर जिले से समाचारपत्र निकल रहे हैं, हर जिले में टीवी के पत्रकार पहुँच गए हैं और हर जिले की खबर, जन समस्या देश-दुनिया को मिलने लगी है। कहा जा सकता है कि झारखंड अब देश के नक्शे पर एक बड़ा सूचना केंद्र है।

⊠ पत्रकारिता में दलितों और आदिवासियों की भागीदारी क्यों नहीं है। इसका क्या कारण है।

➔ पत्रकारिता में दलितों और आदिवासियों की भागीदारी न होने की बात केवल झारखंड में ही नहीं है। आप देश के नक्शे पर किसी भी राज्य को देखेंगे और वहाँ की जन आबादी का अध्ययन करेंगे तो दिखाई पड़ता है कि इस देश में जिस जन समुदाय के लिए सबसे ज्यादा राजनीति हुई है या हो रही है, उसका योगदान समाज निर्माण में न के बराबर लिया गया है। जहाँ तक दलितों और

आदिवासियों की बात है, इन्हें कभी भी समाज के कुलीन वर्ग ने मुख्यधारा से जोड़ने का प्रयास नहीं किया। संभव था कि अगर इस समाज के लोगों को पत्रकारिता से काफी पहले ही जोड़ा जाता तो इस समाज की कई ऐसी विषमताएँ, जो आज हमारे सामने आ रही हैं, बहुत पहले ही समाप्त हो जातीं। झारखंड चूँकि आदिवासी बहुल इलाका है और इस राज्य का निर्माण भी आदिवासी बहुल राजनीति पर ही हुआ है, लेकिन आदिवासियों को कोई जगह नहीं दी गई। बात केवल पत्रकारिता तक ही सीमित नहीं है। कई क्षेत्रों में उनकी भागीदारी होनी थी, जहाँ आज भी वे नहीं पहुँच पाए हैं। दरअसल देश की पूरी पत्रकारिता पर शुरू से ही सवर्णों का आधिपत्य रहा है। सवर्ण जिस तरह गाँव-समाज में छुआछूत की भावना से ग्रसित रहे हैं, भला वे कैसे दलितों और आदिवासियों को तरजीह देंगे? यह सवाल तो उन संपादकों और मालिकों से पूछा जाना चाहिए था कि जिन आदिवासियों और दलितों को नंगा-भूखा दिखाकर ब्रेकिंग खबर लोगों तक पहुँचाते रहे हैं, उस समाज के लोगों को कभी भी इस पेशे से जोड़कर उनकी अंदरूनी समस्या को समाप्त करने की कोशिश नहीं की। आज भी हालत जस की तस हैं। आज भी झारखंड में हर जिले से अखबार और चैनल तो दिखते हैं, लेकिन उनमें दलित या फिर आदिवासी पत्रकारों की तैनाती न के बराबर है। इस मनुवादी प्रवृत्ति से जब तक बाहर नहीं निकला जाएगा, तब तक पत्रकारिता की कहानी अधूरी ही मानी जाएगी।

☒ क्या आप मानते हैं कि झारखंड में पत्रकारिता का चेहरा जन विरोधी है?

➔ पत्रकारिता तो कभी जन विरोधी होती ही नहीं है, क्योंकि पत्रकारिता एक मिशन है और उसका एक सामाजिक और मानवीय धर्म है और जहाँ धर्म हो, वहाँ जन विरोधी की बात नहीं की जा सकती। हाँ बदलते समय और बदलती राजनीति के साथ ही बदलते समय में पत्रकारिता के उसूलों में बदलाव आ रहे हैं। मिशन ने अब कमीशन का रूप ले लिया है और धर्म पाखंड में बदल गया है। जहाँ तक जन विरोधी पत्रकारिता का आशय है, इसमें दो राय नहीं कि अब लाभ-हानि के आधार पर खबरें भी बन रही हैं। बाजार के आधार पर खबरें बनाई जा रही हैं। बाजार के इस जाल में जनता पीछे चली गई है। सरोकार की खबरें दबा दी जा रही हैं या फिर बाजार उसे निकाल फेंक रहा है, लेकिन कुल मिलाकर यह सब पत्रकार और संपादक पर निर्भर कर रहा है। अगर जनता और समाज के प्रति पत्रकार सजग है तो अपनी बात कहने से कोई रोक नहीं सकता, लेकिन जब पत्रकार और व्यवस्था ही दलाली और लूट की थ्योरी पर काम कर रहे हों तो जनता की आवाज की क्या अहमियत होगी? जो पूरे देश में हो रहा है, वहीं इस राज्य में भी हो रहा है। इसे आप जन विरोधी कहें या कुछ और? लेकिन आज अधिकतर पत्रकार मौकाटेरियन हो गए हैं।

☒ झारखंड की पत्रकारिता आखिर किसके लिए की जा रही है? क्या इसमें व्यापक समुदाय का हित है?

➔ आज जो पत्रकारिता यहाँ हो रही है, उसमें जनता की भागीदारी न के बराबर है। संभव है कि कुछ खबरें जनता की उम्मीदों पर खरी उतर जाएँ, लेकिन कुल मिलाकर जो सीन दिख रहा है, उसमें एक बात साफ है कि मुख्यधारा की पत्रकारिता न के बराबर हो रही है। उन लोगों की बात मीडिया के सामने नहीं आ रही है, जो समाज के सबसे पिछले पायदान पर खड़े हैं। पत्रकारिता पर बाजार हावी है और इस बाजारू दबाव को दलाल किस्म के पत्रकार और परवान चढ़ा रहे हैं। अगर यही सिलसिला चलता रहा तो आने वाले कल में समाज में और विघटन आने की संभावना है। कॉरपोरेट पत्रकारिता ने आज जन सरोकार की बात को सबसे ज्यादा प्रभावित किया है। आज की पत्रकारिता में जनता दिखती ही नहीं है।

☒ क्या आप मानते हैं कि झारखंड में सत्ता के साथ मीडिया का भी गठबंधन है?

➔ राजनीति और मीडिया का चोली-दामन का संबंध होता है, लेकिन सत्ता मीडिया पर हावी हो जाए तो पत्रकारिता धराशायी हो जाती है। फिर जन सरोकार की बात और जनता के हित की बात गौण हो जाती है। आज पूरे देश में यही दिख रहा है। इतना जरूर है कि आज भी कुछ संस्थान और कुछ पत्रकार अपने पत्रकारीय धर्म को निभाते नजर आ रहे हैं, लेकिन खोटे सिक्के का चलन ज्यादा बढ़ जाने की वजह से असली सिक्का कमजोर और असहाय सा होता जा रहा है। केवल मीडिया ही अपने काम को

बखूबी करने लगे तो कई तरह की सामाजिक समस्याएँ समाप्त हो सकती हैं। कई प्रदेशों से इस तरह की खबरें आती हैं कि सरकार के दबाव में और विज्ञापन के लालच में असली पत्रकारिता नहीं हो पा रही है। इसमें सच्चाई भी है। झारखंड में शुरू से ही इस तरह के खेल हो रहे हैं कि सत्ता के साथ मिलकर कई संस्थान और पत्रकार जनता की हितों पर चाकू चला रहे हैं। इनकी नजर में पत्रकारिता लूट करने का जरिया है और इस लूट में सत्ता और समाज के ठेकेदार बराबर के हकदार हैं। ऐसे में कहना मुश्किल है कि आने वाले दिनों में सत्ता और मीडिया के गठजोड़ में कमी आएगी। चूँकि बाजार का दबाव आगे और बढ़ना है और इस दबाव की वजह से मीडिया का रूप और बदरंग होता है।

⊠ झारखंड में हो रहे राजनीतिक घोटालों के बारे में आप क्या सोचते हैं? इसमें मीडिया की क्या भूमिका है?

➔ सरकारी धन की लूट और समाज में हो रहे नैतिकता का पतन दो अलग-अलग बाते हैं। राजनीतिक स्तर पर जो लूट की जाती है, उसमें समाज के वही लोग शामिल हैं, जो कभी समाज को बदलने की बात करते थे। इसलिए मैं इनको मौकाटेरियन कहता हूँ। ऐसा कोई इस प्रदेश में नहीं है। इतना जरूर है कि झारखंड में जरूरत से ज्यादा लूट की वारदातें नेताओं ने की हैं। इसमें सभी दल के नेता शामिल हैं और जहाँ तक मीडिया की बात है, इसमें कहा जा सकता है कि अगर वे अपनी बात सही तरीके से करते, जनता को ध्यान में रखकर खबर बनाते तो संभव था कि इस

प्रवृत्ति में कमी आती। ऐसा नहीं हुआ। कई ऐसे मामले इस प्रदेश में दिख रहे हैं कि कई घपले-घोटालों में मीडिया घराने से लेकर पत्रकारों की सहभागिता है। प्रदेश के कई पत्रकार चंद सालों में करोड़ों के मालिक बन गए हैं, जबकि पत्रकारिता में उनकी भूमिका न के बराबर है। इसका एक बड़ा कारण मीडिया को लूट का पेशा मान लेना है। हाल के सालों में इस पेशे से ज्यादा वही लोग जुड़ रहे हैं, जिनका कोई सामाजिक सरोकार नहीं होता, न कोई देशव्यापी सोच होती है और न ही जनता के प्रति जबावदेही। ऐसे में सरकार की हर लूट में चाहे-अनचाहे मीडिया की अप्रत्यक्ष भूमिका दिखाई पड़ती है। झारखंड इसी का एक उदाहरण है।

राजनैतिक संपादक
'न्यूज एक्सप्रेस'
नई दिल्ली

☐

मीडिया में माओवाद

झारखंड मीडिया में 'माओवाद' से जुड़ी सभी खबरें झूठ की बुनियाद पर टिकी होती हैं। नक्सलवाद हो या माओवाद; पत्रकारिता का यह सबसे बिकाऊ व पढ़ा जाने वाला विषय है। सरकार और मीडिया माओवादी आंदोलन को एक ही नजरिये से देखते हैं। प्रदेश की सरकार और अखबारों के संपादकों के सोच में कोई फर्क नहीं है। माओवाद पर लिखनेवाले अधिकांश पत्रकार सिर्फ और सिर्फ झूठ लिखते हैं। माओवाद आंदोलन की कोई मुकम्मल जानकारी अखबार में कार्य करने वाले पत्रकारों के पास नहीं रहती है। माओवाद के साथ खबरों में 'रोमांस' की परंपरा झारखंड में '90 दशक के बाद से ही कायम है। झारखंड के अधिकांश पत्रकारों व संपादकों का पढ़ने-लिखने या जानकारी जुटाने से कोई लेना-देना नहीं है। माओवाद के बारे में उनके पास कोई ठोस जानकारी भी नहीं रहती है। जिस तरह सरकार माओवाद को उग्रवाद की संज्ञा देती है, ठीक उसी तरह अखबार के संपादक व पत्रकार प्रवचननुमा अंदाज में इस विषय पर अधकचरी व बकवास लिखते रहते हैं, सच बात तो यह है कि पत्रकारिता में माओवाद एक खलनायक या

फिर लुटेरे की तरह दरशाया जाता है। जब कभी अखबार में माओवाद का जिक्र रहता है तो हर वक्त उन सवालों को दरकिनार कर दिया जाता है, जो मूल सवाल मौजूद रहते हैं।

यह बात सभी जानते हैं कि माओवाद सामाजिक, आर्थिक और राजनीतिक विफलता से उपजा हुआ ज्वलंत सवाल है, सरकार के लिए भी माओवादियों का सशस्त्र संघर्ष एक चुनौती बना हुआ है। कवि व प्रख्यात साहित्यकार रवींद्र भारती ने इस बारे में कहा कि अखबार के मालिक और झारखंड की सरकार माओवाद के नाम से ही खौफ खाते हैं, क्योंकि उन्हें मालूम है कि अंतिम लड़ाई माओवादियों से ही लड़नी है। उन्होंने कहा कि राजनीतिक दलों के लूट की संस्कृति जहाँ खत्म होती है, वहीं से माओवाद की राजनीति शुरू हो जाती है, श्री भारती का मानना है कि माओवाद साम्राज्यवादी नीतियों के खिलाफ गाँव के अंतिम आदमी का सशस्त्र अभियान है। इस आंदोलन का जितना दमन हुआ, उतनी ही तेजी से विस्तार हुआ है, झारखंड के बहुसंख्यक गाँवों में, जंगलों में, पहाड़ों में, घाटियों में माओवाद की आग धधक रही है और अखबार की खबरों में इस 'आग' को सेंका जा रहा है।

झारखंड में 'माओवाद' पत्रकारिता के दायरे से बिल्कुल अलग है, अखबार में माओवाद के बारे में जैसा लिखा और कहा जाता है, वैसा कुछ होता नहीं। जानकारी के अभाव में पत्रकार माओवाद से जुड़ी खबरों को कपोल कल्पना के आधार पर गढ़ते हैं, पुलिस के अधिकारी माओवाद के बारे में जो कुछ जानकारी देते हैं, उसे ही खबरों का आधार बनाया जाता है। पुलिस विभाग माओवाद के बारे में झूठ का प्रचार करने में जुटा रहता है, वैसे भी झारखंड पुलिस माओवादियों को एक वर्ग शत्रु

के तौर पर देखती है। एक पुलिस अधिकारी ने नाम नहीं छापने की शर्त पर बताया कि भूख, गरीबी, गैर बराबरी माओवाद के मुख्य कारक हैं, सरकार के पास इन सवालों को दूर करने के कोई उपाय नहीं हैं। गरीबों के लिए जितनी भी योजनाएँ चल रही हैं, सबमें लूट मची हुई है, विकास योजनाओं की लूट जितनी बढ़ेगी, माओवाद का उतना ही विस्तार होगा। इससे अलग अखबार के पत्रकार अनाप-शनाप लिखकर मूल सवालों को हर वक्त अनदेखा करते हैं।

राजनीतिक प्रेक्षकों का मानना है कि पत्रकारिता और सरकारी भाषा माओवाद आंदोलन को अपने तरीके से परिभाषित करते हैं, सरकारी और पत्रकारिता की भाषा में कोई बुनियादी फर्क नहीं है। अखबारों में जिस तरह की खबरें लिखी जाती हैं, उसका माओवाद के तथ्य से कोई लेना-देना नहीं रहता है। अधिकांश पत्रकार पुलिस अधिकारियों के बयान को आधार बनाकर ही खबरें गढ़ते हैं, जब कभी आशंका, संभावना कहा जाता है बताया जाता है, जैसे जुमलों का प्रयोग करके न्यूज परोसी जाती हैं तो वे कल्पना के आधार पर गढ़ी जाती हैं। इतना ही नहीं, माओवाद से जुड़ी खबरों को लिखने के समय खास तौर पर खुफिया सूत्रों का हवाला दिया जाता है। दरअसल खुफिया सूत्र जैसा कोई सूत्र नहीं होता, विभिन्न खुफिया एजेंसियों का आलम यह है कि वे अखबार में छपी खबरों को ही अपनी रिपोर्ट का आधार बनाती हैं।

सरकार माओवादियों को उग्रवादी मानती है, पत्रकार भी उग्रवाद का ही प्रयोग करते हैं, जबकि हकीकत कुछ और है। झारखंड के अधिकांश जिलों में माओवादियों का जनाधार तेजी से विस्तार पाया है, इस जनाधार के भय से किसी भी राजनीतिक दलों की जुबान नहीं

खुलती है। झारखंड की पत्रकारिता माओवादियों को अराजक तत्त्व के तरह प्रस्तुत करती है। यह एक सर्वविदित तथ्य है कि राज्य सत्ता की विफलता से ही नक्सलवाद या माओवाद का जन्म हुआ है। उग्र वामपंथ का यह पहला सिद्धांत है कि वे सशस्त्र विद्रोह की तैयारी में लगे हैं, किसानों, मजूदरों की सत्ता कायम करना उनका पहला लक्ष्य है। इसके लिए उनके पास ठोस रणनीति बनी रहती है। राजकीय हिंसा के खिलाफ माओवादी भी हिंसा के रास्ते में विश्वास करते हैं, अपने सशस्त्र संघर्ष को अंजाम तक पहुँचाने के लिए वे किसी भी हद तक जा सकते हैं। पत्रकारिता माओवाद में हर वक्त हिंसा को तलाश करने में लगी रहती है। झारखंड में आलम यह है कि किसी भी पत्रकार के पास माओवाद को जानने-समझने की न तो फुरसत है और न ही उनकी कोई दिलचस्पी है। माओवादी आंदोलन से जुड़े एक कार्यकर्ता का यह भी कहना कि झारखंड की पत्रकारिता में माओवाद आंदोलन को बदनाम करने की कोशिश की जाती है, राज्य प्रायोजित हिंसा को जायज ठहराया जाता है, वहीं अगर माओवादियों का सशस्त्र दस्ता काररवाई करता है तो उसे गलत ठहराते हुए, बढ़ा-चढ़ाकर लिखा जाता है। पत्रकारिता माओवादी संघर्ष को बदनाम करने में लगी रहती है। अखबार में माओवादियों के खिलाफ गलत रिपोर्टिंग करना एक रूटीन खबर बनी हुई है। समाचारपत्र के पाठकों को गलत जानकारी माओवाद के नाम पर दी जाती है।

सच्चाई तो यह है कि झारखंड में आज एक भी ऐसा पत्रकार या संपादक नहीं है, जो यह दावा कर सके कि माओवाद से जुड़े किन्हीं बड़े नेताओं से उनका कभी साक्षात्कार हुआ हो या फिर साक्षात्कार लिया हो। झारखंड के अखबारों में माओवाद के नाम पर केवल झूठ की

खेती हो रही है, सरकार माओवाद के नाम पर किसी भी आंदोलन को बदनाम और दमन करने में लगी रहती है। अखबार के संपादक भी सरकार के सुर में सुर मिलाते रहते हैं।

□

मीडिया की नीलामी

झारखंड ही नहीं, देश की पत्रकारिता में पूँजी का खेल उछाल पर है। मीडिया मंडी में कई ऐसे खेल चल रहे हैं, जो चौंकानेवाले हैं। अखबार बाजार में नीलाम हो रहे हैं। देशी-विदेशी खरीदार खुले हाथ से पैसा लुटाने में लगे हैं। रियल स्टेट के व्यापारियों और शराब के कारोबारियों के हाथों अखबार की 'फ्रेंचायजी' बेची जा रही है। 'हिंदुस्तान' जैसे बड़े अखबार अपने संस्करण निकालने के 'फ्रेंचायजी' लेनेवालों की तलाश में रहते हैं। देश के बड़े-बड़े 'पूँजीपति और अखबार के मालिक' ओपीनियन मैकिंग का ऐसा हथकंडा अपनाने में लगे हैं, जो कई सवाल खड़े करता है। झारखंड सहित देश के विभिन्न प्रदेशों में अखबारों की नीलामी का जो बाजार विकसित हुआ है, उसके पीछे कई ताकतें सक्रिय हैं। अभी हाल में समकालीन तीसरी दुनिया के संपादक आनंद स्वरूप वर्मा ने मीडिया मंडी की नीलामी से जुड़े हर पहलू पर खोजपूर्ण रिपोर्ट प्रकाशित की है। वैसे इस रिपोर्ट को वरिष्ठ पत्रकार दिलीप खान ने तैयार किया है। इस रिपोर्ट में उन तमाम बातों का खुलासा किया गया है, जो पूँजी के खेल में परदे के पीछे रहती हैं।

इस रिपोर्ट के मुताबिक 'दैनिक जागरण' में अमेरिकी कंपनी

ब्लैकस्टोन ने 12 फीसदी शेयर यानी 225 करोड़ रुपए निवेश किया। यह निवेश होते ही 'जागरण' के अध्यक्ष महेंद्र मोहन गुप्त ने कह दिया था कि ब्लैकस्टोन के पैसे का इस्तेमाल कंपनी के विस्तार के लिए करेंगे। 'जागरण' ने ऐसा ही किया, उसने 2010 में तारिक अंसारी से मिड डे समूह खरीद लिया, इसमें अंग्रेजी टेबलायड 'मिड डे', उर्दू अखबार 'इंकलाब' और 'मिड डे डॉट कॉम' शामिल था। इंकलाब को चार नई जगाहों लखनऊ, कानपुर, बरेली और दिल्ली में उतारा, साथ ही पंजाबी 'जागरण' की शुरुआत की। इसी तरह जागरण समूह ने 'नई दुनिया' अखबार को भी 75 करोड़ रुपए में खरीद लिया।

मीडिया अभी खरीद-बिक्री और नीलामी के बेहद रोचक दौर से गुजर रहा है। 2007 में आंध्र प्रदेश के मुख्यमंत्री वाई एस राजशेखर रेड्डी के दबाव में ब्लैकस्टोन ने इनाडू समूह से अपने 26 फीसदी शेयर खींच लिए। रेड्डी उस समय इनाडू के समानांतर साक्षी को उतारने की योजना पर जोर-शोर से काम कर रहे थे। तब पूँजीपति मुकेश अंबानी ने दक्षिण भारत के सबसे बड़े समूहों में से एक इनाडू में पैसा लगाने का बेहतर मौका देखा। किसी तरह का सवाल न खड़ा हो, इसलिए उन्होंने बैंकर नीमेश कंपनी के रास्ते ब्लैकस्टोन वाला 26 फीसदी शेयर खरीद लिया। सनद रहे कि जे एम फाइनेंशियल चलानेवाले नीमेश कंपनी का रिलायंस और मुकेश अंबानी के साथ पुराना रिश्ता है। नीमेश के जरिए मुकेश ने इनाडू में पैसा लगाया, इसके बाद साल की शुरुआत में देश की सबसे बड़ी मीडिया कंपनियों में से एक राघव बहल के नेटवर्क-18 समूह के घाटे की स्थिति को देखते हुए फिर मुकेश अंबानी की आरआईएल ने दाँव खेला, मुकेश अंबानी ने 1600 करोड़ के घाटे में चल रही टीवी-18, सीएनबीसी आवाज, सीएनएन, आईबीएन, आईबीएन-7, कलर्स और

एमटीवी को उबारने के लिए राघव बहल को रिलायंस ने पैसा दिया और इस तरह नेटवर्क-18 की मिल्कियत में अंबानी की बड़ी हिस्सेदारी कायम हो गई। वैसे भी अंबानी कई चैनलों के बड़े शेयरधारक बने हुए हैं। इस समय देश के लगभग 25 से ज्यादा टीवी चैनलों में मुकेश अंबानी के पैसे लगे हैं। इसी तरह राजीव शुक्ला और अनुराधा प्रसाद को 76 करोड़ की भुगतान कर हाई ग्रोथ डिस्ट्रीब्यूशन प्राइवेट लिमिटेड ने बीएजी फिल्म्स एंड मीडिया लिमिटेड को 12 फीसदी, बीएजी न्यूजलाइन नेटवर्क लिमिटेड का 15 फीसदी, बीएजी ग्लैमर लिमिटेड का 15 फीसदी शेयर खरीद लिया। न्यूज 24 चैनल इसी कंपनी का है। इस हाई ग्रोथ डिस्ट्रीब्यूशन प्राइवेट लिमिटेड के मालिक मुकेश अंबानी ही हैं, छोटी-छोटी कंपनियाँ खोलने के बाद मुकेश इनके जरिए मीडिया में सेंधमारी कर रहे हैं। इसी तरह इंडिया टीवी चलाने वाली कंपनी इंडिपेंडेंट न्यूज सर्विस प्राइवेट लिमिटेड में 23 फीसदी हिस्सा श्याम इक्विटीज प्राइवेट लिमिटेड का है। इस श्याम इक्विटीज में टैली सोल्यूशंस ने निवेश किया और टैली सोल्यूशंस को मुकेश अंबानी समूह और भरत गोयनका समूह नियंत्रित करते हैं। इस तरह सीधे आरआईएल के नाम से निवेश करने में मुकेश लगातार कतरा रहे हैं, इधर, जिस 'नई दुनिया' के बिकने की चर्चा है, वह लगातार घाटे की स्थिति में चल रहा था, सूवी इंफोर ('नई दुनिया' की फादर कंपनी) के 2006-2007 की बैलेंसशीट यह दिखाती है कि उसे आर्थिक कमर्शियल्स प्राइवेट लिमिटेड की तरफ से 38 करोड़ का ऋण दिया गया। आर्थिक कमर्शियल्स के मालिक मुकेश अंबानी हैं, इस तरह 'नई दुनिया' की ताजा डील भी मुकेश अंबानी के हाथों के नीचे हुई है।

मार्के की बात यह है कि मीडिया उद्योग में निवेश पर सतही नजर डालने से ही पता चल जाएगा कि या तो रियल एस्टेट, तेल, गाड़ी, बैंकिंग

सहित अन्य धंधों के खिलाड़ी इसमें पैसा लगा रहे हैं। मीडिया का कारोबार करनेवाले व्यवसायी धीरे-धीरे अन्य धंधों में अपने पैर पसारने लग गए हैं। मीडिया के उत्साही खिलाड़ी सुभाष चंद्रा ने अपने एस्सेल ग्रुप को विस्तार देने के लिए हैदराबाद स्थित इंफ्रास्ट्रक्चर कंपनी का आईवीआरसीएल का 10.2 फीसदी शेयर खरीद लिया। उल्लेखनीय है कि मीडिया के जरिए अन्य उद्योगों के पक्ष में होनेवाली लाइजनिंग की बेहतरीन मिसाल के तौर पर 2 जी स्पेक्ट्रम का प्रकरण सामने है। यदि बड़े पत्रकारों के दलाल वाली भूमिका को बातचीत के दायरे से निकालते हुए कारोबारी हित की बात की जाए तो मीडिया-उद्योग-राजनेता के गठजोड़ और ज्यादा खुलकर सामने आएँगे। बीते कुछ सालों की मीडिया डील पर नजर दौड़ाएँ तो स्पष्ट हो जाता है कि यहाँ खरीदा, वहाँ बेचने वाला धंधा शेयर बाजार की तरह ही मीडिया मंडी का भी चरित्र बनता जा रहा है। अंततः इस छोटे तालाब में बड़ी मछली का ही साम्राज्य कायम हो रहा है। अखबारों के खरीद-बिक्री की फेहरिस्त काफी लम्बी है, इसमें एक-से-एक गोरख धंधा करने वाले लोग लगे हैं।

देश में फिलहाल 650 टीवी चैनल हैं, अलग-अलग भाषाओं में छपने वाले पत्र-पत्रिकाओं की संख्या 2000 से भी ज्यादा है। इसी तरह 30 से भी ज्यादा एफएम रेडियो ऑपरेटर देशभर में 245 रेडियो स्टेशन चला रहे हैं। हिंदी के जो शीर्ष 10 अखबार हैं, उनके मुकाबले हिंदी के बाकी सारे छोटे-बड़े अखबारों को खड़ा कर दिया जाए तो कहीं नहीं टिकते हैं, जो अखबार बड़ा है, उसका व्यापक विस्तार हो रहा है। खुले बाजार में जिस दिन खरीदने-बेचने वाला तैयार हो जाएगा, उस दिन ऊपर के दो अखबार नीचे के सात-आठ सौ को खड़े-खड़े खरीद लेंगे। 1990 के दशक में एमजे अकबर ने 'एशियन एज' निकाला और हालत

पस्त होने पर दक्कन क्रॉनिकल के हाथों बेच दिया। अखबार बेचने का खेल पत्रकारिता से बेहतर धंधा है। इस धंधे में कई सूरमा लगे हुए हैं। पत्रकारिता को इस धंधे से कोई लेना-देना नहीं है। अखबार पूँजी के बहाव में पत्रकारिता तेजी से बह रही है।

□

कस्बाई पत्रकारिता का सच

झारखंड में विभिन्न अखबारों का ध्यान अब ग्रामीण स्तर पर पाठकों को जोड़ने के लिए है। यह कवायद वर्षों से जारी है। जिले से निकलकर अनुमंडल और प्रखंड स्तर पर पत्रकारिता का जो नेटवर्क तैयार किया गया है, वह बेहद डरावना है। शहरी अखबार के पाठकों के पास-सूचना पाने के कई स्रोत हैं, मध्यवर्ग अखबार पढ़ते नहीं, बल्कि उसे सरसरी निगाह से देखने में यकीन करते हैं। पंचायती राज व्यवस्था लागू होने के बाद से खबरें गाँव की भी बननी शुरू हो गईं। मुखिया, सरपंच, पंचायत सदस्य के साथ बीडीओ, सीओ भ्रष्टाचार के तालाब में गोते लगाने में मशगूल हैं। ग्रामीण विकास से जुड़ी अधिकांश परियोजनाओं में लूट मची हुई है। ग्रामीण क्षेत्र से ऐसी खबरें बाहर निकलकर आती रहती हैं।

इस बात से इंकार नहीं किया जा सकता है कि ग्रामीण क्षेत्रों में खबरों के प्रति प्यास ज्यादा बढ़ी है। अखबारों के मालिक प्रखंड व ग्राम स्तर पर विज्ञापन का बाजार विकसित करने के लिए कई तरह के प्रयोग करने में लगे हुए हैं। ग्रामीण क्षेत्र के पाठकों को बाल्टी, मग, साइकिल, बाइक व कार का प्रलोभन देकर कूपन चिपकाने का फंडा बेहद लोकप्रिय है। झारखंड में लगभग सभी अखबार कूपन के खेल में लगे हुए हैं, गाँवों को खबरों से

जोड़ने के लिए विभिन्न अखबार अपने स्तर पर प्रयास करने में लगे हैं। इन अखबारों को इस कार्य में आंशिक सफलता भी मिली है। अधिकांश अखबार जिला स्तर पर अपना मॉडम सेंटर बनाए हुए हैं, यह मॉडम सेंटर प्रखंड स्तर तक फैक्स से जुड़ा हुआ रहता है। हर अखबार जिले में एक या दो मॉडम प्रभारी रखता है। एक जिला प्रभारी सात-आठ संवाददाताओं को अपने साथ जोड़कर रखता है। इन सात-आठ संवाददाताओं को मानदेय के नाम पर इतना ही दिया जाता है, जितना मनरेगा के मजदूरों को मिलता है, इस मानदेय की भी कोई गारंटी नहीं रहती है। अनुमंडल और प्रखंड स्तर के संवाददाताओं को एक पैसा भी मानदेय नहीं मिलता है। उल्टे उनसे कमीशन पर विज्ञापन लाने को कहा जाता है। विज्ञापन के कमीशन के मिलने की भी कोई गारंटी नहीं होती है। विज्ञापन का कमीशन छह महीने या साल भर बाद मिलता है। इसे पाने के लिए भी उन कस्बाई संवाददाताओं को काफी पापड़ बेलने पड़ते हैं।

झारखंड से प्रकाशित सभी अखबारों के संवाददाताओं पर संपादकों की तरफ से विज्ञापन टारगेट पूरा करने का दबाव बना रहता है। नौकरी में लगातार बने रहने की पहली शर्त विज्ञापन लाना बना हुआ है। कहने का तात्पर्य झारखंड के पत्रकार खबर लाने से अधिक विज्ञापन जुटाने में लगे रहते हैं। कस्बाई संवाददाताओं की हालत तो बद से बदतर है। उन्हें मुफ्त में काम करना होता है। अखबार का पहचान पत्र तक उन्हें नहीं दिया जाता है और न ही सुरक्षा की कोई गारंटी। विपरीत परिस्थितियों में भी कस्बाई संवाददाता जिले के मॉडम सेंटर को खबर भेजते हैं। पत्रकारों के पतित होने का सिलसिला ग्रासरूट पर यहीं से शुरू होता है। प्रखंड कार्यालय के अधिकारियों और थाने के थानेदारों के साथ मिलकर कस्बाई

संवाददाता दलाली करने को बाध्य हो जाते हैं। अखबार के मालिक भी अघोषित रूप से इन संवाददाताओं को पुलिस और अधिकारियों के साथ गठबंधन करके दलाली करने के धंधों में धकेलते हैं। दलाली करने के अलावा इन कस्बाई पत्रकारों के पास कोई रास्ता भी नहीं बचता है। इंदिरा आवास का भुगतान हो या मनरेगा का भुगतान; पीड़ित पक्ष अपनी फरियाद लेकर इन संवाददाताओं के पास ही पहुँचते हैं। झारखंड के जिले से लेकर प्रखंड स्तर तक के पत्रकारों के बारे में यह धारणा काफी प्रचलित है कि अरे इन पत्रकारों का क्या? इन्हें एक 'पऊवा' और दो पीस मांस की बूटी दो और जो चाहो, लिखा लो। बहुत हद तक इन बातों में सच्चाई भी है। लेकिन इसका मतलब यह नहीं कि सभी कस्बाई पत्रकार ऐसे ही हैं, वैसे बहुसंख्यक पत्रकारों के साथ यह धारणा सौ फीसदी फिट बैठती है। कस्बाई पत्रकारों के सामने ऐसी विवशता आम बात है।

गौरतलब है कि ग्रामीण खबरों को नमक-तेल-मिर्च लगाकर अखबार में सनसनीखेज खबरें परोसी जाती हैं। इसे ग्रामीण पत्रकारिता का नाम दिया जाता है। मसलन मनरेगा में किसी प्रखंड में घोटाला हुआ या फिर कोई एमए पास किसी युवक ने जैविक खेती के जरिए अधिक उत्पादन किया, ऐसी खबरों को इन संस्करणों में प्रकाशित किया जाता है। यह अखबार का ग्रामीण मुखौटा है, कस्बाई क्षेत्र की खबरों को हर संस्करण में बेचा जाता है, सच मायने में खबरें ग्रामीण स्तर पर ही होती हैं। इन खबरों को संकलित करने वाले पत्रकारों को बँधुआ मजदूर की श्रेणी में रखना ज्यादा मुफीद होगा। झारखंड ही नहीं, पूरे देश में सबसे खराब स्थिति कस्बाई पत्रकारों की है, विज्ञापन के मद में सबसे अधिक मुनाफा कस्बाई संवाददाताओं के जरिए ही की जाती है। साथ ही खबरों की प्रचुरता

इन्हीं संवाददाताओं के सहारे मॉडम सेंटर तक पहुँचती है। फिर इन खबरों को स्टाफ रिपोर्टर अपने अनुसार तराशते व सजाते हैं। अखबार के प्रकाशन हेड क्वार्टर तक वही खबरें पहुँचती हैं। इन खबरों की कई स्तरों पर पैकेजिंग की जाती है। कस्बाई संवाददाताओं को ऐसी खबरों में बाई लाइन तक भी नहीं दी जाती है। अखबार के मुफस्सिल संवाददाताओं का शोषण, दोहन का यह सिलसिला कई दशकों से अनवरत जारी है।

झारखंड के चतरा जिले से एक बड़े अखबार में कार्यरत एक संवाददाता ने नाम नहीं छापने की शर्त पर बताया कि अखबार के संस्थान से जब मानदेय या विज्ञापन के कमीशन की माँग की जाती है तो अखबार से हटा देने की धमकी दी जाती है।

दरअसल झारखंड में विभिन्न अखबारों में कार्यरत हजारों-हजार कस्बाई संवाददाताओं की नौकरी की कोई गारंटी नहीं रहती है। अखबार के संपादक जिला प्रभारी के कंधे पर बंदूक रखकर कस्बाई पत्रकारों का शिकार करते रहते हैं। कब उन्हें संवाद संकलन के पदों से हटा दिया जाएगा, इसे कोई नहीं जानता। जिला प्रशासन के किसी भी बड़े अधिकारी की शिकायत पर अखबार के किसी भी पत्रकार को कभी भी निकाल दिया जाता है।

नेपाल सरकार की तरह अखबार के संस्थानों में 'मुखे कानून' चलता है, लिखित तौर पर कुछ भी नहीं होता है। इस पेशे में नौकरी की कोई गारंटी तो है ही नहीं। बहरहाल, कस्बाई पत्रकारों के सामने असुरक्षा का संकट सबसे अधिक घनीभूत है। पत्रकारिता में '90 के दशक के बाद यूनियन का क्षय हो गाया है, पत्रकारों की जितने भी यूनियन हैं, वे अखबार मालिक और सरकार के लिए दलाली का कार्य करते हैं।

पत्रकार यूनियन संघर्ष के लिए नहीं, बल्कि संघर्ष तोड़ने के लिए जानी जाती हैं। कस्बाई पत्रकारों के शोषण की अंतहीन व्यथा-कथा रोंगटे खड़ा कर देनेवाली है। अब ऐसे में कोई पत्रकारों से ईमानदारी की बात करे तो यह पागलपन ही होगा। वैसे, अपवाद तो हर जगह है, सच लिखने की सजा ऐसे पत्रकार सैकड़ों की संख्या में भोग रहे हैं।

□□□